Hi!

Wat goed dat je onze stedengids te pakken hebt, want **time to momo** maakt je stedentrip écht leuker! Met deze gids op zak loop je vanuit de trein regelrecht naar de leukste wijk van de stad. Op weg naar nieuwe restaurantjes, de beste koffie en dat lokaal gebrouwen biertje. In de gidsen en op de website van time to momo delen onze **lokale auteurs** uit liefde voor hún stad **alleen de echte highlights** met je. Zo sla je de drukke dertien-in-een-dozijn-winkelstraten over en wandel je, terwijl je onderweg een must-see meepikt, op je gemak naar die **toffe adressen** waar de locals zelf ook graag komen. Zonder dat je je hoeft voor te bereiden! Want dat hebben wij al voor je gedaan. Geen van de adressen die we beschrijven, heeft voor vermelding betaald; de gids is samengesteld door een onafhankelijke redactie.

Met deze speciale cadeaugids laten we je zien dat je niet per se het vliegtuig hoeft te nemen voor een leuke stedentrip. Wij selecteerden **zes bruisende steden** in Nederland en België. Lekker dichtbij, met de trein. Je bent er zo!

Heel veel plezier!

team time to momo

HAAL ALLES UIT JE STEDENTRIP

VOOR DE LAATSTE TIPS: WWW.TIMETOMOMO.COM OF VOLG ONS OP
@TIMETOMOMO_COM @TIMETOMOMO
LAAT ONS MEEGENIETEN VAN JOUW STEDENTRIP VIA **#TIMETOMOMO**

ARNHEM

GROENE MODESTAD MET RIJK VERLEDEN

CITY HIGHLIGHTS
MODEKWARTIER + AIRBORNE AT THE BRIDGE + PARK SONSBEEK + SPIJKERKWARTIER + STEENSTRAAT

DE STAD

Stad en natuur lopen in Arnhem vloeiend in elkaar over. Er zijn veel stadsparken en de natuur is hier overal dichtbij. Als je Arnhem Centraal aan de voorkant verlaat dan loop je zo het centrum van de stad in. Verlaat je het station aan de achterkant dan ben je in een paar stappen in het groen.

Voor een dagje shoppen kun je in Arnhem goed terecht, met in het centrum naast de bekende ketens ook flagshipstores van bekende lokale merken zoals Humanoid en Spijkers en Spijkers. Of ga naar het **Modekwartier**, waar ontwerpers hun eigen ateliers hebben en je echt iets unieks kunt scoren.

'De brug te ver' kent iedereen uit verhalen, maar hier kun je hem in het echt zien en komt de Tweede Wereldoorlog bijna tot leven in **Airborne at the bridge**. In het **Erfgoedcentrum Rozet** kun je de geschiedenis van de stad verder ontdekken. Als je meer houdt van hedendaagse kunst, dan kun je je hart ophalen bij **Collectie de Groen** of **Museum Arnhem** in de Walburgiskerk.

Kortom, een groene stad met veel parken en hippe wijken, unieke winkels en een bijzondere geschiedenis. Je kunt hier eindeloos shoppen en uitgaan, maar ook tot rust komen. De sfeer is gemoedelijk in deze provinciestad, die alles heeft en ook overzichtelijk is. Je loopt zo van de ene leuke wijk de andere in, met allemaal een eigen karakter. En als je de stad even beu bent, strijk je neer in een park of ga je de stad uit, waar enorme natuurgebieden zich uitstrekken. De stad wordt niet voor niets 'parel in het groen' genoemd.

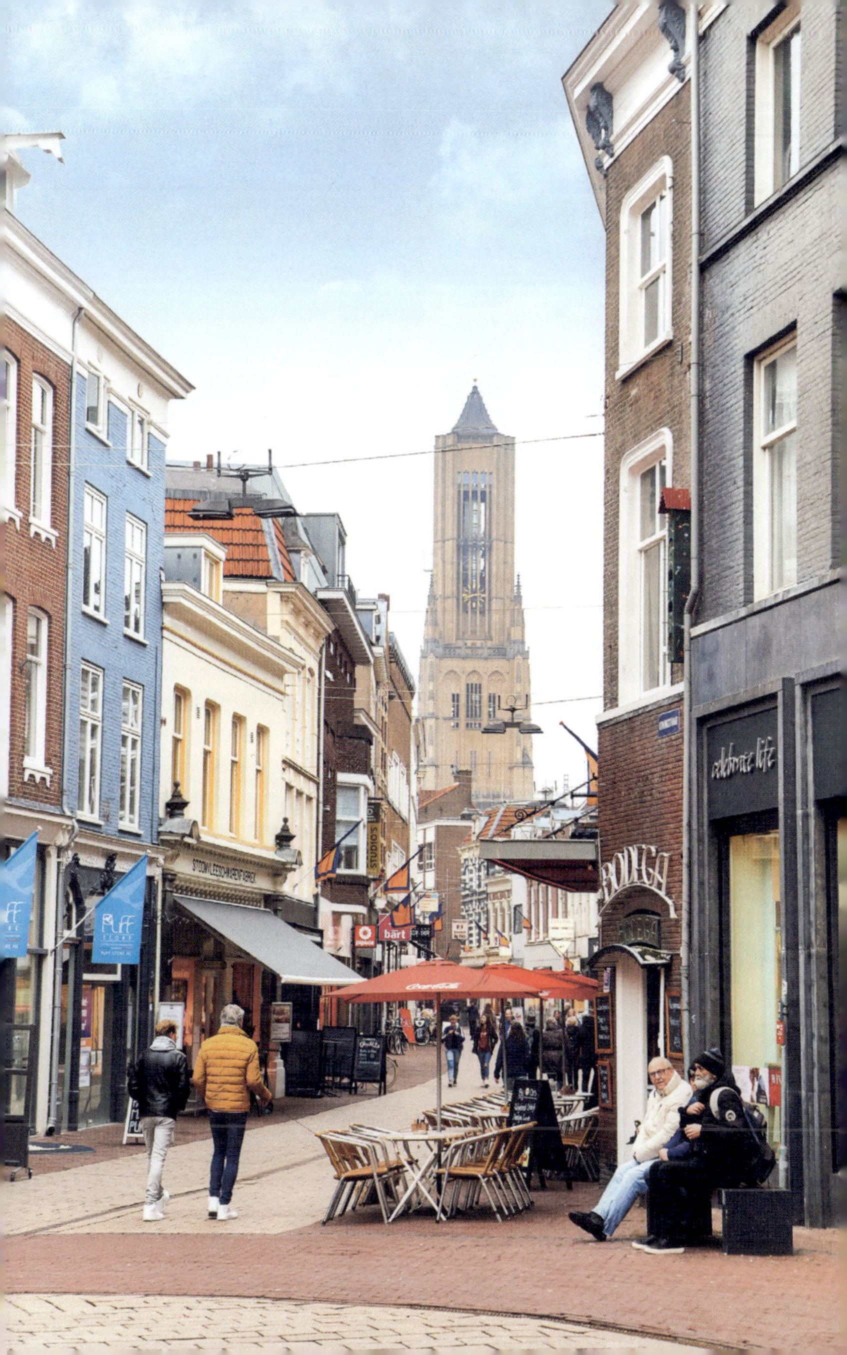
BODEGA
celebrate life
bärt
pipoos
Coca-Cola

ROUTE 1

CENTRUM

OVER DE ROUTE

Deze wandeling biedt voor ieder wat wils. Natuurlijk is Arnhem, met een internationaal gelauwerde modeacademie, een echte modestad en kun je hier eindeloos shoppen. Maar in het centrum heeft het oorlogsverleden z'n sporen nagelaten. Ook op het gebied van geschiedenis en cultuur kun je dus je hart ophalen. Het is mooi om te zien hoe oud en nieuw elkaar in dit deel vinden.

DE WIJKEN

De **binnenstad** van Arnhem is autovrij; het is daardoor niet minder druk, maar wel kun je er rustig slenteren en om je heen kijken. En er is veel te zien. Oude en nieuwe gebouwen worden afgewisseld met straten waar de grote winkelketens zitten en steegjes met kleine boetieks, pleinen en terrassen. Het oorlogsverleden is op veel plekken voel- en zichtbaar en er is volop mode en cultuur. De sfeer is zoals je kunt verwachten van een provinciestad: bescheiden en ontspannen.

In de binnenstad wordt flink aan de weg getimmerd. De toegangspoort naar de stad, station **Arnhem Centraal**, is na een jarenlange bouwperiode klaar. De **Jansbeek**, een eeuwenoude beek die ontspringt op **landgoed Zypendaal** en via **Park Sonsbeek** naar de Rijn stroomt, is na anderhalve eeuw terug in het centrum. Hierdoor sluiten het oude gedeelte, waar de winkelstraten zijn, en het deel dat is platgebombardeerd tijdens de Tweede Wereldoorlog, beter op elkaar aan. De sfeer in het centrum is uniek, omdat er naast winkels ook veel woningen zijn. Die inwoners zorgen voor leven in de brouwerij. Naast Arnhemmers wonen er veel studenten van de mode- en kunstacademie, die de stad kleur geven.

De **Eusebiuskerk** staat fier midden op het **Kerkplein**. Je kunt je voorstellen dat die ooit het symbool was van het machtscentrum van Gelre. Eromheen zie je veel nieuwbouw en het stadhuis. De **Markt** is zeker op vrijdag en zaterdag een bezoek waard. Ook de **Rijnkade** is de moeite waard, ondanks het toerisme –

ROUTE 1 > ARNHEM

je komt er niet veel locals tegen. De terrassen zijn vaak vol en druk, maar het water straalt een enorme rust uit en de geschiedenis van deze plek is ongelofelijk. Daarover kom je meer te weten bij **Airborne at the Bridge**.

Arnhem is ook een echte **modestad**. De modeacademie van **ArtEZ** brengt veel talent voort en vaak blijven ontwerpers de stad trouw. In het centrum zijn veel unieke winkels te ontdekken, waar je echt iets bijzonders kunt scoren.

WEINIG TIJD? DIT ZIJN DE HOOGTEPUNTEN:
ARNHEM CENTRAAL + ERFGOEDCENTRUM ROZET + HUMANOID + EUSEBIUSKERK + MUSIS

TIPS
// Architectuur: Oude binnenstad én spannende nieuwbouw
// Geschiedenis: de 'brug te ver' is heel dichtbij
// Mode: voor de echte liefhebber

Let your feet take you there

I'm in love with cities I've never been to & people I've never met

LEGENDA

- >> BEZIENSWAARDIGHEDEN
- >> ETEN & DRINKEN
- >> SHOPPEN
- >> LEUK OM TE DOEN

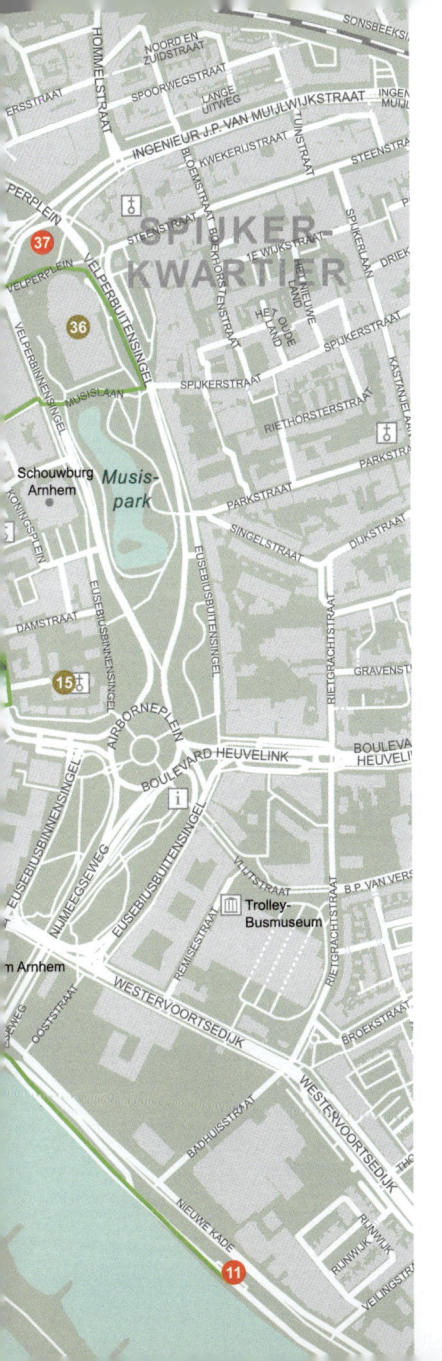

ARNHEM

1. Arnhem Centraal
2. Boekhandel Hijman Ongerijmd
3. Neighbourhood
4. Historische Kelders
5. Erfgoedcentrum Rozet
6. Feestaardvarken
7. VAN Van den Dungen
8. Nelson Mandelabrug
9. 't Amusement
10. Airborne at the Bridge
11. Havenmeester
12. Sabelspoort
13. First Eet
14. Knusss
15. Walburgiskerk
16. Eusebiuskerk
17. Focus Filmtheater
18. Boekhandel Het Colofon
19. Mimint
20. SiS Spijkers en Spijkers
21. Humanoid
22. Loft
23. Collectie De Groen
24. Eems / Maeve
25. Woarst
26. Minouche en Rûne
27. Little Things
28. Bos & Heij
29. TrixenRees
30. The Green Rose
31. Oranje Koffiehuis
32. HELLO. Urban Jungle & Store
33. Bonnie
34. Fraenck & Friends
35. Sneaky Shoes
36. Musis
37. Brasserie Vieux Paris
38. Babo Café
39. 't Moortgat
40. Het Arnhemse Bakkertje
41. Café Verheyden

ROUTE 1 > ARNHEM

ROUTEBESCHRIJVING 1 (ca. 6,6 km)

Loop Arnhem Centraal ❶ uit en houd schuin links aan. Steek de straat over en loop richting brug, maar ga vrijwel direct linksaf de Korte Hoogstraat in. Je loopt over de Korenmarkt met veel cafés en terrassen. Via de Pauwstraat ga je rechts de Jansstraat in, waar een boekhandel zit ❷. Ga rechtsaf de Rijnstraat in voor de hipste mannenmode ❸. Bijna aan het eind van de straat ga je links de Oude Oeverstraat in, naar de Historische Kelders ❹. Verderop kom je langs Rozet ❺, waar je ook koffie kunt drinken en waar het Feestaardvarken ❻ voor de deur ligt. Ga een stukje links de Kortestraat in, voor een tassenlabel ❼. Loop daarna verder door de Kleine Oord. Ga rechts de Nieuwstraat in en loop, het laatste stukje van de Jansbeek volgend, naar de Rijnkade. Rechts zie je de Nelson Mandelabrug ❽. Loop ernaartoe en vergeet niet te lezen wat erop staat. Onder de brug zie je allerlei streetart. Je kunt rechts voor de brug, op het Roermondsplein, een blik naar binnen werpen bij 't Amusement ❾, om te kijken of je daar vanavond wilt eten. Wandel terug over de Rijnkade. Aan het eind ligt Airborne at the Bridge ❿. Je kunt nog verder langs het water lopen voor een broodje van de Havenmeester ⓫. Ga anders onder de Sabelspoort ⓬ door de Markt op ⓭ ⓮. Aan het eind van de Markt ligt rechts de Walburgiskerk ⓯ en voor je de Eusebiuskerk ⓰. Loop eromheen naar Focus ⓱. Sla rechts de Bakkerstraat in voor boeken ⓲ of ga links voor Mimint ⓳. Nu kom je in het shopgedeelte. Begin in de Weverstraat met Arnhemse mode ⓴ ㉑, een conceptstore ㉒ en cultuur ㉓. Steek via passage het Hemelrijk door naar de Bakkerstraat, waar je rechts gaat ㉔. Neem meteen links de Bentinckstraat ㉕. Op de hoek zit Minouche en Rûne ㉖. Sla de Kerkstraat in ㉗ ㉘ ㉙ en ga aan het eind links en meteen weer links de Koningstraat in ㉚. Verderop zit links in de Arke Noachstraat het Oranje Koffiehuis ㉛. De route gaat rechts de Klarestraat ㉜ in naar de Nieuwstad, met op de hoek Bonnie ㉝ en een stukje naar rechts in de Beekstraat Fraenck & Friends ㉞. Volg de Nieuwstad. Bij de kruising met de Walstraat zit links Sneaky Shoes ㉟. Aan het eind van de Nieuwstad zie je Musis Sacrum ㊱ al. Wandel door het park om Musis heen naar het Velperplein om te eten bij Vieux Paris ㊲. Of loop nog een stukje door, via de Roggestraat, tot je rechts de Bovenbeekstraat in kunt om te borrelen ㊳. Dat kan ook in de Ruiterstraat ㊴ of haal daar een grofje ㊵. Om de hoek in de Wezenstraat kun je lekker eten bij Verheyden ㊶.

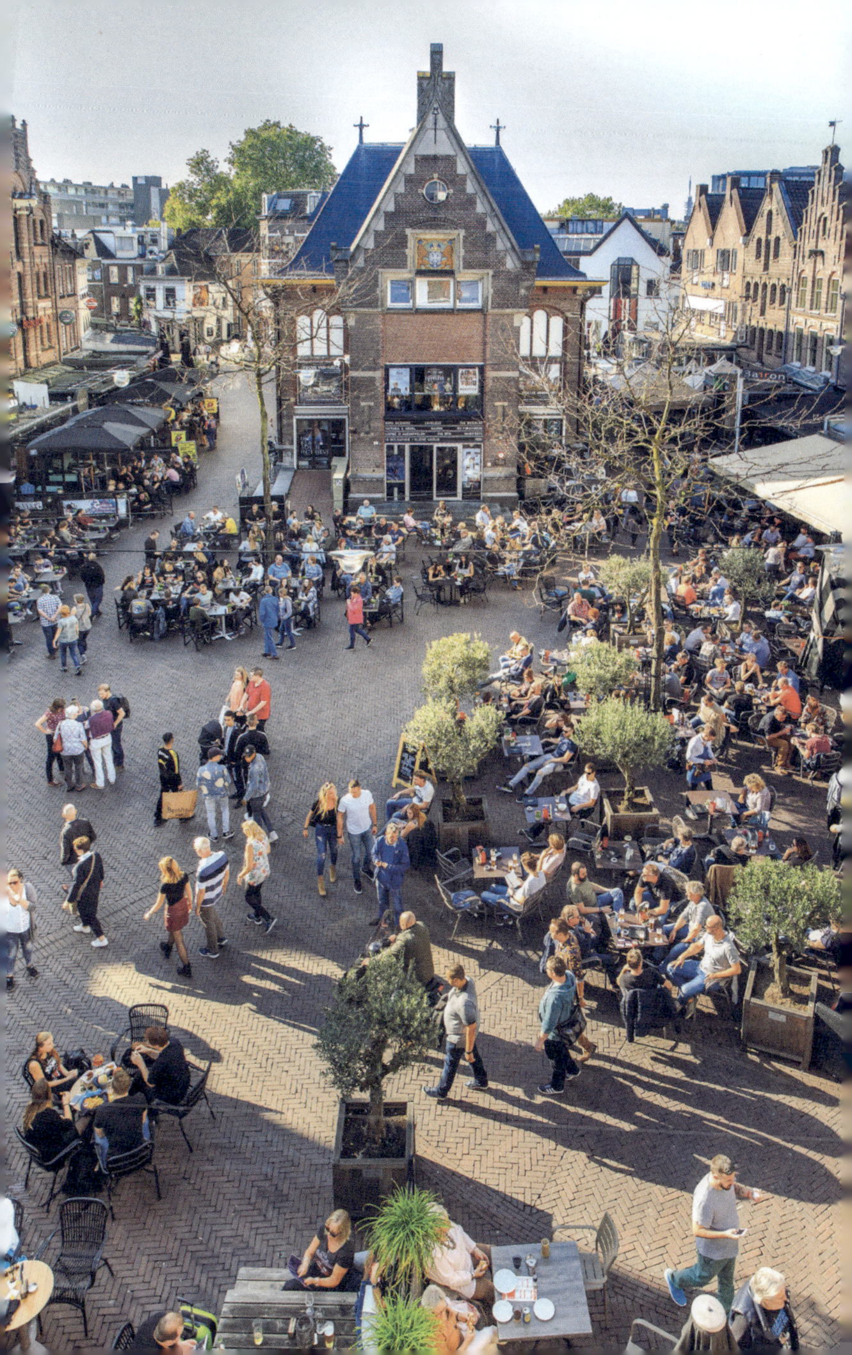

ROUTE 1 > ARNHEM

BEZIENSWAARDIGHEDEN

① Het heeft lang geduurd, zelfs heel lang – meer dan twintig jaar – maar nu staat er een futuristisch stationsgebouw, waar je mond van openvalt. Niet alleen de hal van **Arnhem Centraal** is imposant, kijk vooral af en toe omhoog, ook op de perrons. Alles golft en welft en tegelijkertijd is het een superstrak ontwerp dat mooi gebruikmaakt van de hoogteverschillen in de stad. Het gebouw is ontworpen door Ben van Berkel, die onder andere ook de Erasmusbrug in Rotterdam ontwierp.
stationsplein 166, trein of bus arnhem centraal

④ Een groot gedeelte van de Arnhemse winkelstraten is onderkelderd. De eeuwenoude **Historische Kelders**, zo'n 36 in totaal, zijn onderling allemaal met elkaar verbonden. In 2001 zijn ze gerestaureerd en geopend voor publiek. Je kunt er zelf in ronddwalen of je laten rondleiden.
oude oeverstraat 4, www.historischekelders.nl, telefoon 0263511311, open wo-za 12.00-17.00, eerste zo van de maand 12.00-17.00, entree € 4, rondleiding € 5, bus 12, 43 rozet

⑥ Het **Feestaardvarken** ligt op zijn rug in het Bartokpark. Het kunstwerk van Florentijn Hofman is gemaakt van beton en staal en is 30 meter lang, 9 meter hoog en 13 meter breed. Burgers' Zoo schonk het aan de stad Arnhem, ter ere van het 100-jarige bestaan van het dierenpark. Het is vooral een populair klimtoestel voor kinderen. Vanaf de bovenste verdieping van Rozet kun je mooi op het aardvarken kijken.
naast kortestraat 12, fb feestaardvarken, bus 12, 43 rozet

⑧ 'HUIZEN – WIND – DE STROOM – DE VERTE – DE UTOPIE – INDONESIË – DE BOTEN – DE ZEE – BLAUWE LUCHT' zijn de woorden op de **Nelson Mandelabrug**, die je vanaf de Rijnkade kunt lezen. Ze zijn een overblijfsel van het evenement Sonsbeek '93. De brug heet in de volksmond ook wel de Nieuwe Rijnbrug, waar de John Frost de oude is. Die zie je vanaf deze brug ook goed, als je eroverheen gaat om in Arnhem-Zuid te komen.
nelson mandelabrug, bus 4, 5, 6, 7 rijnstraat

⑩ **Airborne at the Bridge** is een dependance van het Airborne Museum Hartenstein in Oosterbeek, maar doet er niet voor onder. Alleen al het besef dat

Modern architecture

je hier staat op de plek waar in de Tweede Wereldoorlog de Slag om Arnhem plaatsvond, met uitzicht op a *bridge too far*, maakt het bijzonder.

rijnkade 150, www.airbornemuseum.nl/airborne-at-the-bridge, telefoon 0263337710, open dagelijks 10.00-17.00, entree gratis, bus 2, 3, 14 airborneplein

⑫ De **Sabelspoort** is een van de vier toegangspoorten tot Arnhem uit de 15e eeuw, maar de enige die bewaard is gebleven. Hij is ooit ook gebruikt om krankzinnigen en gevangenen in op te sluiten, waardoor hij ook wel de 'Geckenpoort' werd genoemd. Vanaf de Markt is hij mooi zichtbaar en vanaf de Rijnkade loop je via de poort zo de stad in. Tegenwoordig is de Sabelspoort onderdeel van het naastgelegen **Provinciehuis**, een rijksmonument dat onlangs geheel verbouwd is. In 2018 is het door de Nederlandse Vereniging van Architecten uitgeroepen tot Beste Gebouw van het Jaar.

ariën verhoeffstraat / markt, bus 12, 43 eusebiuskerk

⑮ In de oudste nog bestaande kerk van Arnhem, de **Walburgiskerk**, werden naast kerkdiensten al uitvoeringen van Muziektheater De Plaats en de *stocksale*

ROUTE 1 > ARNHEM

van Humanoid gehouden. Momenteel is de kerk het tijdelijke onderkomen van **Museum Arnhem**, dat gesloten is vanwege een verbouwing. De kunstwerken die normaal in het museum hangen zijn hier niet te zien, omdat de kerk niet voldoet op het gebied van klimaatbeheersing en veiligheid. Deze plek is een pop-up presentatieruimte voor actuele kunst, ontwerpen en mode. Je zult bij een bezoek vast verrast worden!
sint walburgisplein 1, www.museumarnhem.nl, zie website voor openingstijden, bus 12, 43 eusebiuskerk

(16) Jarenlang heeft de **Eusebiuskerk** in de steigers gestaan, maar nu is zij weer in volle glorie te bekijken. Zowel van binnen als van buiten is het een imposant gebouw. Tijdens de Tweede Wereldoorlog kreeg de kerk het zwaar te verduren. Na de oorlog was er sprake van de ruïne als oorlogsmonument te behouden, net als de Gedächtnichtskirche in Berlijn, maar hij werd toch herbouwd. Voor de panoramalift en glazen balkons heb je wel wat lef nodig, maar je wordt beloond met een prachtig uitzicht over de stad en de omgeving.
kerkplein 1, www.eusebius.nl, telefoon 0264435068, zie website voor openingstijden, entree € 9, bus 12, 43 eusebiuskerk

(36) **Musis** is een concertgebouw uit 1847 en de thuisbasis van Het Gelders Orkest. Naast optredens van dit orkest zijn er vele andere concerten, van klassiek tot pop. Loop vooral eens om het gebouw heen. Aan de voorkant (Velperplein) is het een monumentaal pand en aan de achterkant (Musispark) heel modern. De Parkzaal met glazen pui is in 2018 geopend. Hier een concert bijwonen op een zomeravond is heel bijzonder, want je ziet het buiten langzaam donker worden. Als het donker is even vanuit het park naar binnen gluren is ook leuk, dan zie je het orkest spelen.
velperbinnensingel 15, www.musisenstadstheater.nl, telefoon 0263720720, zie website voor programma en prijzen, bus 1, 2, 3, 5, 6, 7 velperplein

ETEN & DRINKEN

(9) Het restaurant met misschien wel het jongste team van Nederland. Dat was **'t Amusement** zeker, toen Masterchef-winnaar Estée Strooker de zaak in 2011

ROUTE 1 > ARNHEM

op haar twintigste begon. Ambitie en creativiteit spatten van de borden af. Iedere maand wisselt het menu met Nederlandse seizoensproducten. Je kunt kiezen voor vier, vijf, zes of zeven gangen. Hopelijk heb je na het diner nog een plekje voor de homemade macarons.

roermondsplein 35, www.restaurant-amusement.nl, telefoon 0268481697, open wo-zo 17.30-sluit, prijs viergangenmenu € 42, bus 4, 5, 6, 7, 56, 72 rijnstraat, bus 43 roermondsplein

⑪ Net buiten alle drukte, in een voormalig havenkantoor, kun je de allerlekkerste broodjes eten, met uitzicht op de Rijn. Het is even een stukje lopen vanuit het centrum, maar dat is het meer dan waard. De mensen van **Havenmeester** bedenken steeds weer iets nieuws en maken speciaal op donderdag en vrijdag broodjes zoals ze die zelf het lekkerst vinden. En dat is heel lekker!

nieuwe kade 25, www.havenmeester.club, telefoon 0267024173, open ma-vr 10.00-14.30, prijs broodje € 5,25, bus 12, 43 badhuisstraat

⑬ Bij **First Eet** aan de Markt kun je terecht voor broodjes en verse sapjes. Probeer vooral het wortelmix-sap. Je moet soms wel een beetje geduld hebben. Als je buiten op het terras zit, is er meestal genoeg bedrijvigheid op de Markt te zien. Binnen is ook een winkeltje met fijne spulletjes: van accessoires om thuis je tafel mooi te dekken tot leuke keukenspullen.

markt 27, www.first-eet.nl, telefoon 0263823821, open wo & zo 12.00-17.00, do 10.00-17.00, vr-za 9.00-17.00, prijs (mix)sap € 4,50, sandwich/tosti € 8, bus 12, 43 eusebiuskerk

⑭ Een *soto ayam* (kippensoep) of complete rijsttafel; je kunt het bij **Knusss** allemaal krijgen. Erg lekker en authentiek Indonesisch, geserveerd in rieten mandjes. Moeder staat in de keuken achter de pannen, terwijl zoonlief de bediening op zich neemt. Een echt familiebedrijf, maar waar die drie s'en nou vandaan komen?

markt 34, www.knusss.nl, telefoon 0262020376, open wo-vr & zo 17.30-21.30, za 11.00-21.30, prijs rijsttafel € 25,95 p.p., bus 12, 43 eusebiuskerk

㉚ Vol passie wordt bij **The Green Rose** gekookt met duurzame en lokale ingrediënten. Ieder gerecht dat op tafel komt, is een feest voor je ogen en smaakpapillen. Gelukkig zijn de porties klein en kun je ze samen delen, zodat je extra veel kunt proeven. Op de wijnkaart staan diverse natuurwijnen, die minder sulfiet

BIO,
BIO DYNAMISCH,
&
NATUUR
WIJNEN

THE GREEN ROSE

HAVENMEESTER

bevatten en verrassend anders zijn. De bediening kan er met enthousiasme alles over vertellen. En enthousiast is iedereen hier, van koks en bediening tot gast.
koningstraat 50, www.thegreenrose.nl, telefoon 0263518927, open di-za 11.00-laat, zo 13.00-laat, prijs viergangenmenu € 35, bus 12, 43 eusebiuskerk

㉛ Het **Oranje Koffiehuis** is een van de oudste kroegen van Arnhem. Als je er binnenstapt ga je terug in de tijd; de inrichting is door de jaren heen niet veranderd. Het art-decopand is een rijksmonument. Een must als je in Arnhem bent.
arke noachstraat 7, fb oranjekoffiehuis, telefoon 0263514081, open di-wo 11.00-20.00, do 11.00-22.00, vr-za 10.00-22.00, zo 12.00-20.00, prijs koffie € 2,50, bus 12, 43 rozet

㉝ Of zangeres Bonnie St. Claire de inspiratiebron was voor de naam van dit fijne vegan koffiecafé? Ze was het in ieder geval wel voor de alcoholische versnaperingen op de kaart. Maar breng vooral een bezoek aan **Bonnie** voor de heerlijke koffie of neem een *sugar overdose* en eet taart en andere zoetigheden.
nieuwstad 2, www.bonniearnhem.nl, open do-zo 10.00-17.00, prijs koffie € 2,30, lunch € 7,50, bus 1, 2, 3, 5, 6, 7 velperplein

㊲ Het is alsof je in Parijs bent, in de ronde uitspanning midden op het Velperplein. Bij **Brasserie Vieux Paris** eet je een onvervalst Frans driegangenmenu en ga je daarna van al het lekkers rollend de deur uit. Het is hier altijd gezellig met eigenaars Piet en Theo, die er steevast een feestje van maken. Misschien komt het ook doordat ze streng zijn voor hun gasten: appen en bellen is in het restaurant niet toegestaan!
velperplein 30, www.vieuxparis.nl, telefoon 0631682682, open di-za 17.30-sluit, zo 17.00-sluit, prijs driegangenmenu € 29,95, bus 1, 2, 3, 5, 6, 7 velperplein

㊳ **Babo Café** is een ontspannen plek met de sfeer van een buurtcafé, waar je van het ontbijt tot in de late uurtjes terechtkunt. De koffie wordt gezet met eigen gebrande bonen, dus voor een echte americano of goede filterkoffie ga je hier naar toe. Ook voor een tosti, lekker broodje of zelfgebakken taart zit je hier goed. Vooral de tosti royal is een aanrader, met jalapeño's als je van pittig houdt.
bovenbeekstraat 28, www.babocafe.nl, telefoon 0264434604, open ma-za 9.00-laat, zo 10.00-laat, prijs americano € 2,20, bus 1, 2, 3, 5, 6, 7, 8, 9, 10, 13, 14 roermondsplein

㊴ Trappist, IPA, dubbel, tripel, donker, blond of gewone pilsener; bij **'t Moortgat** heb je keuze genoeg. Met altijd veertien verschillende bieren van het vat en meer dan honderd Nederlandse en buitenlandse bieren op de fles, kunnen liefhebbers hier hun hart ophalen. Bij je biertje kun je pinda's, chips of worst krijgen. En zoals het hoort in een goed café: er zijn regelmatig quiz- en bierproefavonden.
ruiterstraat 35, www.moortgat.nl, telefoon 0264450393, open zo-do 15.00-1.00, vr 15.00-2.00, za 12.00-2.00, prijs tappils € 2,25, bus 1, 2, 3, 5, 6, 7, 8, 9, 10, 13, 14 roermondsplein

㊶ In een achterafstraatje, in een monumentaal pakhuis met brandtrappen aan de buitenmuur en binnen de sfeer van een huiskamer, kun je bij **Café Verheyden** terecht voor oesters en pasta. Tegenover het restaurant is een ommuurde stadstuin, waar je in de zomer eindeloos kunt genieten onder de druivenranken. In combinatie met de *melanzane alla parmigiana* (aubergine met tomaat en Parmezaanse kaas uit de oven) die hier vaak op de kaart staat, waan je je dan in Italië.
wezenstraat 6, www.cafe-verheyden.nl, telefoon 0264437035, open ma-za 11.30-22.00, prijs hoofdgerecht € 22,50, bus 1, 2, 3, 5, 6, 7, 8, 9, 10, 13, 14 roermondsplein

ROUTE 1 > ARNHEM

SHOPPEN

(2) De medewerkers van **Boekhandel Hijman Ongerijmd** lezen zelf veel en geven je met een aanstekelijk enthousiasme advies. Je krijgt hier direct zin in lezen! Ook als je geen zin hebt in een praatje, kun je hier heerlijk rondstruinen en de persoonlijke aanbevelingen lezen op de boeken. Bij Hijman Ongerijmd is het nooit saai; de agenda staat vol met lezingen, bijeenkomsten en boekpresentaties.
grote oord 15, www.hijmanongerijmd.nl, telefoon 0264424938, open ma 11.00-18.00, di-wo & vr 9.30-18.00, do 9.30-21.00, za 9.30-17.30, zo 12.00-17.00, bus 1, 2, 3, 5, 6, 7, 8, 9, 10, 13, 14 roermondsplein

(3) **Neighbourhood** is een fijne winkel met fijne mannen die je helpen om het juiste kledingstuk te vinden. Ze kijken je hier niet raar aan als je er niet zo hip uitziet als de kleding in hun winkel, want hip is het wel. Je kunt hier ook goed terecht voor mooie basisstukken, jammer genoeg wel alleen voor mannen.
rijnstraat 14b, www.nbharnhem.com, telefoon 0263704053, open di-wo & vr 11.00-18.00, do 11.00-21.00, za 10.00-18.00, zo 13.00-17.00, bus 4, 5, 6, 7 rijnstraat

(7) Bij **VAN Van den Dungen** vind je handtassen, werktassen en leren handschoenen, allemaal ontworpen door Mirjam van den Dungen zelf. Ze heeft een simpele stijl met uitgesproken kleuren. Op al haar tassen stikt ze een piepklein rood kruisje, waardoor haar stijl extra herkenbaar is. Kijk vooral ook even bij de unieke exemplaren. Daar zitten vaak tassen tussen waar je op een bescheiden manier de show mee kunt stelen.
kortestraat 24, www.vanvandendungen.nl, telefoon 0263831110, open wo-za 11.00-17.00, bus 12, 43 rozet

(18) **Boekhandel Het Colofon** is meer dan een boekwinkel. Natuurlijk vind je hier een breed aanbod aan boeken, maar het is ook een podium voor kunst en cultuur én een conceptstore; iedereen die iets te bieden heeft in relatie tot boeken kan zich hier manifesteren. Op de bovenverdieping scoor je parels tussen de tweedehands boeken en kun je relaxen in grote fauteuils. De winkel heeft ook een lunchcafé, dat uitsluitend vegetarische en *homemade* gerechten en taartjes serveert.
bakkerstraat 56, www.hetcolofon.nl, telefoon 0263703508, open ma 12.00-18.00, di-wo & vr 9.30-18.00, do 9.30-21.00, za 9.30-17.30, zo 12.00-17.00, bus 12, 43 rozet

Shop with the locals

⑲ **Mimint** is een minimarkt of biologisch supermarktje, in ieder geval een winkel vol lekkers en dan ook nog verantwoord. Er zijn biologische merken verkrijgbaar, maar ook streekproducten, zoals verse groente van de Horsterhof, een biologisch-dynamische boerderij in Duiven, en brood van Streekbakker Jorrit. Echt aanraders! Je kunt hier iets lekkers voor jezelf kopen, maar veel producten zijn ook leuk om cadeau te doen.

turfstraat 15, www.mimint.nl, telefoon 0629044458, open ma 12.00-18.30, di-vr 9.00-18.30, za 9.00-18.00, bus 12, 43 eusebiuskerk

⑳ De zussen Truus en Riet Spijkers zijn in Arnhem opgeleid aan de modeacademie, net als bijvoorbeeld Viktor en Rolf en nog meer internationaal beroemde ontwerpers. Ze blijven trouw aan hun stad en hebben hier hun flagshipstore **SiS Spijkers en Spijkers**. De ontwerpen zijn zeer uitgesproken, herkenbaar en met veel kleur en grafische details, maar wel draagbaar.

weverstraat 33a, www.spijkersenspijkers.nl, telefoon 0263892930, open ma 12.00-18.00, di-wo & vr 10.00-18.00, do 10.00-21.00, za 10.00-17.30, zo 13.00-17.00, bus 12, 43 rozet

ROUTE 1 > ARNHEM

㉑ Arnhem is natuurlijk trots op haar eigen ontwerpers en modemerken en **Humanoid** is er daar een van. Waar je elders af en toe een paar items tegenkomt van dit merk, vind je in de flagshipstore echt alles. De winkel zit in een prachtig pand en is van binnen groot, hoog en licht. Snobisme is de Arnhemmer vreemd en dat geldt ook voor de mensen van Humanoid. Je kunt alles vragen en ze helpen je graag of geven advies. En dat laatste doen ze ook eerlijk. Fijn!
weverstraat 14, www.shophumanoid.com, telefoon 0264451698, open ma 12.00-18.00, di-vr 10.00-18.00, za 10.00-17.30, zo 13.00-17.00, bus 12, 43 rozet

㉒ Inspiratie genoeg bij **Loft**, voor zowel interieur als kleding. Het is ook niet voor niets een *petit magasin* of *little department store*, zo voelt het namelijk precies als je naar binnen stapt. Het is er licht en fijn, met mooie spullen voor in je huis, van een bank tot accessoires. En voor je het weet, beland je in een paskamer met iets leuks. Loft heeft ook twee appartementen waar je kunt logeren.
weverstraat 39, www.loftloft.nl, telefoon 0267200800, open di-wo 10.00-17.00, do 10.00-21.00, vr-za 10.00-17.30, zo 12.00-17.00, bus 12, 43 rozet

㉔ Inspiratie voor je interieur, een nieuw accessoire voor in huis of een leuk cadeautje, dit vind je allemaal bij **Eems**. Een fijne plek om rond te kijken en het is moeilijk om hier weg te gaan met lege handen. En als je er dan toch bent, kijk dan ook even bij buurmeisje **Maeve**, met kledingmerken als Filippa K en Drykorn.
bakkerstraat 69, www.eemsarnhem.nl, telefoon 0264455151, open di-wo & vr 10.00-17.30, do 10.00-21.00, za 10.00-17.00, eerste zo van de maand 13.00-17.00, bus 12, 43 rozet

㉕ Als het om delicatessen gaat, zou je kunnen zeggen 'Woarst is the best', Uiteraard vind je bij **woarst** de lekkerste worsten en alles wat je verder bij de borrel wilt. Maar ook olijfolie, conserven, pasta en wijn kun je hier kopen, en dan van alles zo'n beetje het beste. Ook een vers belegd broodje met bijvoorbeeld parmaham of mortadella maken ze hier graag voor je klaar.
bentinckstraat 55, shop.woarst.nu, telefoon 0262133013, open di-vr 10.00-17.30, za 10.00-17.00, zo 13.00-17.00, bus 12, 43 rozet

㉖ Een snoepdoos waar je niet dik van wordt, hooguit wordt je portemonnee wat dunner. De sieradencollectie van **Minouche en Rûne** is niet klassiek en ook niet

ROUTE 1 > ARNHEM

modern, maar wel heel verfijnd. Vaak zie je hier mensen met hun neus tegen de etalage staan, maar het is een winkel waar je makkelijk binnen kunt stappen om alles te bekijken of zelfs aan te raken. De mensen die er werken denken graag mee als je ideeën hebt voor een sieraad of van 'oud' goud iets wilt laten smeden.
eiland 1, www.minouche-en-rune.com, telefoon 0263517230, open di-vr 10.00-17.30, za 10.00-17.00, eerste zo van de maand 13.00-17.00, bus 12, 43 rozet

㉗ Het zijn niet alleen **Little Things** hier, maar wel echt alleen voor de *little ones*. Van mode tot servies, boeken en speelgoed; je vindt hier zeker iets leuks. Maar wat niet alleen voor de kleintjes is, zijn de taarten van Hemels, die ze serveren in het kidscafé. Die zijn echt hemels. Vind je het te druk, steek dan even de straat over naar **Hemels** zelf. Daar zit je iets rustiger en ook heerlijk met je taartje.
kerkstraat 41, www.littlethingsonline.nl, telefoon 0263791204, open di-za 10.00-17.30, bus 12, 43 rozet

㉘ **Bos & Heij** is een winkel vol hebbedingen; sieraden, vaasjes, porselein, leren portemonnees, ansichtkaarten en posters. Een cadeautje voor jezelf of voor iemand anders; je vindt het er allemaal. En het is al een cadeautje om hier rond te snuffelen en je te vergapen aan zo veel moois.
kerkstraat 36, www.bosenheij.nl, telefoon 0267370157, open wo & vr 10.00-17.30, do 10.00-18.00, za 10.00-17.00, eerste zo van de maand 12.00-17.00, bus 12, 43 rozet

㉙ Trix Hoogveld en Resi van Kraaij leerden elkaar kennen op de kunstacademie in Arnhem en zijn al ruim dertig jaar een begrip met hun herkenbare ontwerpen. Bij **TrixenRees** vind je naast hun eigen label ook kleding van andere ontwerpers, zoals Stine Goya en Marlene Birger, maar ook designproducten als vazen en porselein van Arnhemse ontwerpers. De kleding van Trix en Rees zelf is charmant en comfortabel, gemaakt van soepel vallende, mooi gekleurde stoffen.
kerkstraat 23, www.trixenrees.com, telefoon 0264439159, open di-vr 10.30-17.30, za 10.30-17.00, eerste zo van de maand 13.00-17.00, bus 12, 43 rozet

㉜ De naam dekt de lading wel een beetje, maar toch zul je verrast zijn als je **HELLO. Urban Jungle & Store** binnenstapt. Het is een klein winkeltje waar je eindeloos kunt struinen en waar blijkt dat planten, boeken en kleding een perfecte combinatie zijn. Door al het groen in de winkel hangt er een fijne sfeer. Als je die

21

thuis wilt creëren kun je er hier van alles voor aanschaffen, maar je kunt ook beginnen met een boek over planten en groen.
klarestraat 1a, fb hello store arnhem, open wo-vr 12.00-18.00, za 12.00-17.00, bus 2, 3, 5, 6, 14 stadstheater

(34) **Fraenck & Friends** is een conceptstore met tassen van Fraenck en andere duurzame designproducten en mode van Friends (van Fraenck). De tassen zijn zowel duurzaam als sociaal verantwoord, want ze zijn gemaakt van gerecyclede materialen, door mensen met een afstand tot de arbeidsmarkt.
beekstraat 30, fb fraenckfriends, telefoon 0268440451, open di-za 10.00-17.30, bus 2, 3, 5, 6, 14 stadstheater

(35) Wil je *fashionable* gympen, geen dertien in een dozijn, maar wel van een bekend merk, dan moet je naar **Sneaky Shoes**. Voor de echt toffe modellen van Nike, Karhu of Adidas kun je hier terecht. Daarnaast verkopen ze streetwear.
walstraat 59, telefoon 0622701368, open ma-wo & vr 12.00-17.30, do 12.00-21.00, za 11.00-17.00, zo 13.00-17.00, bus 2, 3, 5, 6, 14 stadstheater

ROUTE 1 > ARNHEM

(40) Arnhemse meisjes zijn bekende Arnhemse koekjes en grofjes zijn broodjes met krenten en rozijnen van **Het Arnhemse Bakkertje**. Het is hun specialiteit en hier zijn ze echt het lekkerst. Je kunt ze zo eten of belegd met kaas. Ook andere belegde broodjes zijn hier erg lekker. Neem een *pane zilli* mee voor thuis.
ruiterstraat 37, www.hetarnhemsebakkertje.nl, telefoon 0264422972, open di-za 8.00-17.00, bus 1, 2, 3, 5, 6, 7, 8, 9, 10, 13, 14 roermondsplein

LEUK OM TE DOEN

(5) Het Rozet is alleen voor het gebouw al een bezoek waard. Het ontwerp heeft meerdere prijzen gewonnen en je ziet direct waar het zijn naam aan dankt. In het pand zitten onder meer de openbare bibliotheek en de volksuniversiteit en er is altijd iets te doen. In het **Erfgoedcentrum Rozet** kun je in een overzichtelijke en mooie ruimte de geschiedenis van Arnhem en omgeving ontdekken. En die is interessant en veelomvattend! In **Restaurant Momento** kun je iets te eten of drinken.
kortestraat 16, www.erfgoedcentrumrozet.nl, telefoon 0263543161, open ma 13.00-18.00, di-vr 10.00-18.00, za 10.00-17.00, zo sep-mrt 13.00-17.00, bus 12, 43 rozet

(17) **Focus Filmtheater** is een fijn filmhuis midden in de stad, waar je voor of na de film ook heel lekker kunt borrelen of eten. Iedere zondagochtend is er om 10.00 uur Breakfast at Focus; een goed ontbijt met daarna keuze uit vijf films. Je zondag kan niet beter beginnen! Voor het ontbijt moet je wel vooraf reserveren.
audrey hepburnplein 1, www.focusarnhem.nl, telefoon 0881900666, open kassa ma-vr 10.00-21.45, za 12.00-21.45, zo 10.30-21.45, restaurant dagelijks 10.00-0.00, prijs ontbijt met film € 19,50 (groot) / € 14,50 (klein), bus 12, 43 eusebiuskerk

(23) Een rijksmonument midden in het centrum is het thuis van een privécollectie hedendaagse kunst: **Collectie De Groen**. De tentoonstellingen zijn vrij toegankelijk, de privécollectie is alleen te zien met een rondleiding, waarvoor je je moet aanmelden. Daarnaast kun je in het **Café De Groen** genieten van heel veel lekkers, waaronder huisgemaakte charcuterie die ze in de kelder van het pand drogen.
weverstraat 40, www.collectiedegroen.nl, telefoon 0263033 455, open tentoonstelling wo & zo 12.00-17.00, do-vr 12.00-18.00, za 11.00-18.00, café wo & zo 12.00-17.00, do-vr 12.00-22.00, za 11.00-22.00, entree gratis, rondleiding € 8, bus 12, 43 rozet

NIJMEGEN

VEELZIJDIG, GEZELLIG & HISTORISCH

CITY HIGHLIGHTS
HONIGCOMPLEX + HOUTSTRAAT + KRONENBURGERPARK + WAALKADE + LANGE HEZELSTRAAT

DE STAD

Nijmegen is de oudste stad van Nederland en dat voel je als je erdoorheen loopt. Helaas is er door een bombardement tijdens de Tweede Wereldoorlog ook een sterk contrast zichtbaar tussen 'oud' en 'nieuw' Nijmegen, maar er is nog genoeg moois overgebleven! Zo zijn er het **Kronenburgerpark** en **Valkhofpark**, plekken om even tot rust te komen in de drukke stad. De **Lange Hezelstraat**, oudste winkelstraat van Nijmegen, is een aaneenschakeling van mooie oude pandjes met de leukste horeca, kleine boetiekjes en conceptstores.

Nijmegen is een veelzijdige stad. Vanuit het centrum loop je zo twee leuke woonwijken in: Bottendaal en Nijmegen-Oost. Boordevol fijne terrasjes en kleine winkeltjes. Ben je op zoek naar natuur? Aan de ene kant van Nijmegen vind je de **Ooijpolder** en het weidse rivierengebied, en aan de andere kant fiets je zo de bossen in van **Berg en Dal**. Naast het oude centrum tref je rondom de oude Honigfabriek een hip, modern en industrieel gebied met fijne koffietentjes, een brouwerij en een broedplaats voor jonge creatievelingen.

Het bruist in Nijmegen en dat merk je ook aan de vele festivals en feestjes die er georganiseerd worden. Als studentenstad is er iedere avond wel ergens iets te doen. In het centrum vind je tal van gezellige cafés en barretjes en in het nieuwe **Honigcomplex** kun je terecht voor de grotere feesten.

Struin lekker door de binnenstad of een van de leuke wijkjes eromheen en huur vooral ook een fiets om de omgeving van Nijmegen te ontdekken: zo leer je de stad pas echt goed kennen.

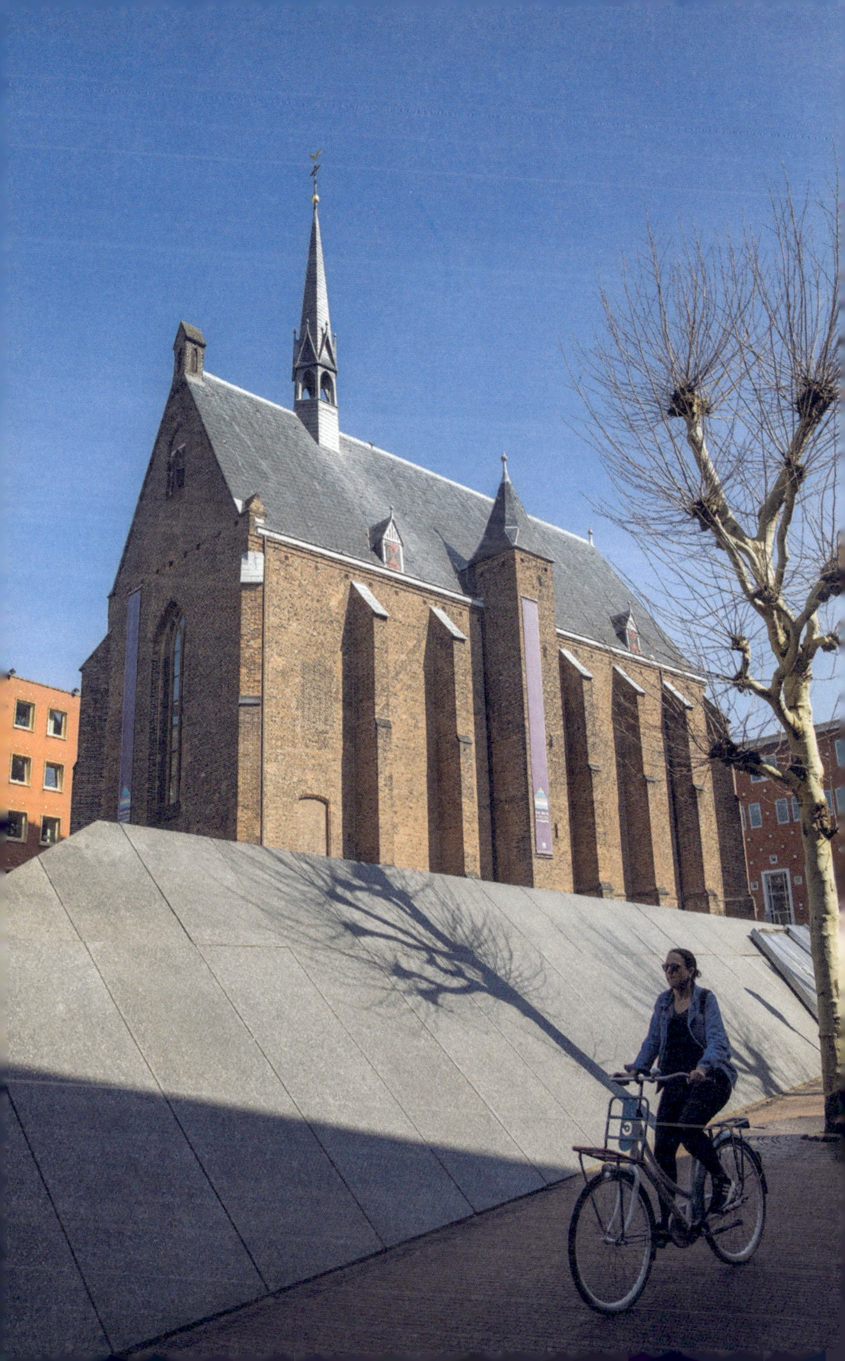

ROUTE 2

STADSCENTRUM

OVER DE ROUTE

Deze wandeling door het stadscentrum geeft je een goed beeld van de historie van Nijmegen, de oudste stad van Nederland. Daarnaast leidt deze route je natuurlijk ook langs de leukste shop- en eetadresjes. Die zijn er hier genoeg! Je komt niet door de geijkte winkelstraten, maar door straatjes met boetiekjes en de gezelligste horecagelegenheden.

DE WIJKEN

De binnenstad van Nijmegen is verdeeld in de **Bovenstad** en de **Benedenstad**, het lager gelegen gedeelte. Deze route voert je door de Bovenstad, die van oudsher bekendstaat als het chiquere deel.

De stad is zwaar beschadigd geraakt in de Tweede Wereldoorlog. In februari 1944 werd het centrum getroffen door een bombardement en in september van dat jaar vielen er vele slachtoffers tijdens de Slag om Nijmegen. Hierover kom je meer te weten in het **Infocentrum WO2**. In de binnenstad zie je duidelijk het verschil tussen de wederopbouw van ná de oorlog en het gedeelte van de stad dat gespaard is gebleven en nog veel mooie, authentieke pandjes kent. In het gebied rond de **Grote Markt** is dat bijvoorbeeld heel goed zichtbaar. Ontdek hier de oude pandjes met leuke winkels en lunchplekken en proef Nijmeegse biertjes in de stadsbrouwerij. Bezoek ook de **Stevenskerk**, waar je even aan de drukte van de stad ontsnapt.

Nijmegen is een studentenstad en die gezelligheid is voelbaar in het centrum. Overal zie je jonge mensen op de terrassen of achter hun laptop aan het werk in een van de vele leuke koffiebars. De stad heeft de grootste terrasdichtheid van Nederland, dus het zal geen verrassing zijn dat er hier aan leuke bars en cafés dan ook geen gebrek is.

ROUTE 2 > NIJMEGEN

De **Van Welderenstraat** is de laatste jaren erg in opkomst en je vindt er tal van speciaalzaken en fijne eetplekken. Het gebied rondom cultureel centrum Lux leent zich perfect voor een shopsessie. Rond **Museum Het Valkhof** snuif je natuur en cultuur. In het **Valkhofpark** kun je even relaxen en genieten van een mooi uitzicht over de Waal. De **Houtstraat** wordt in de volksmond ook wel de PC Houtstraat genoemd, omdat hij boordevol leuke speciaalzaakjes zit.

WEINIG TIJD? DIT ZIJN DE HOOGTEPUNTEN:
VALKHOFPARK + IN DE BLAAUWE HAND + GROTE MARKT + STEVENSKERK + HOUTSTRAAT

TIPS
// Dé route voor een dagje shoppen en historie snuiven
// Ontdek Nijmegen buiten de geijkte winkelstraten
// Pauzeer bij de vele leuke horeca-adresjes

Relax & enjoy!

Best tips ever

Waal

LENT

BENEDENSTAD

Stevenskerk

Kruittoren

Kronenburgerpark

Stadhuis Nijmegen

Stadswinkel

PLEIN 1944

KONINGSPLEIN

MARIËNBURG

Huis van de Nijmeegse Geschiedenis

STADSCENTRUM

START

FINISH

BOTTENDAAL

LEGENDA

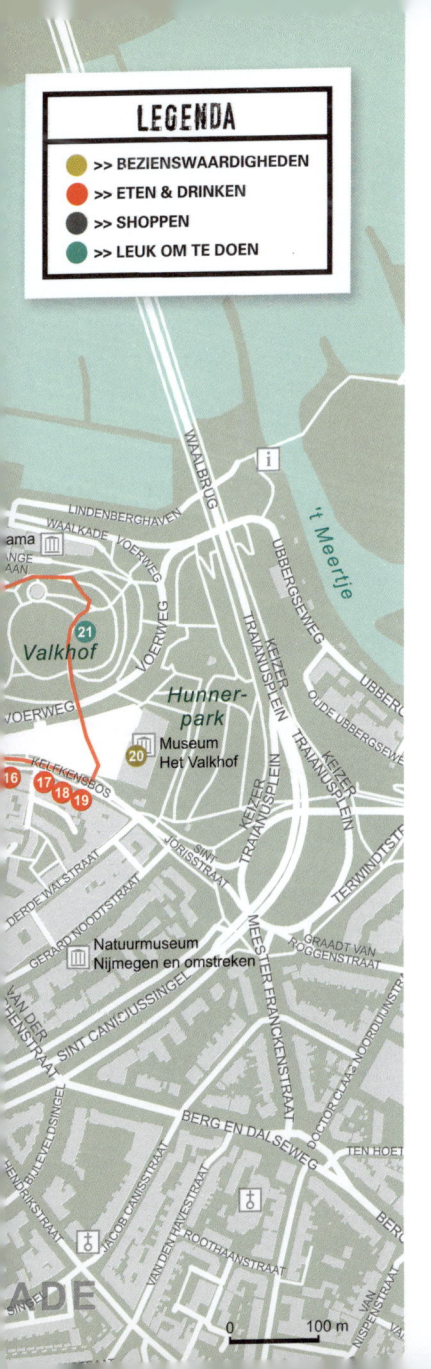

- 🟡 >> BEZIENSWAARDIGHEDEN
- 🔴 >> ETEN & DRINKEN
- ⚫ >> SHOPPEN
- 🟢 >> LEUK OM TE DOEN

NIJMEGEN

1. De Museumwinkel
2. COEF Concept Store
3. Bofligt
4. Kattencafé Balthazar
5. Boekhandel Roelants
6. 512 / Bleshyou
7. Fika
8. Wijn bij Arentz
9. LUX
10. Huis van de Nijmeegse Geschiedenis
11. Dekker v.d. Vegt Boekverkopers
12. Charlie & Goods
13. Zeezicht / De Schommel
14. Heldro IJs
15. Van Nature
16. Credible
17. Notting Hill
18. The Black Fox
19. Bistro Flores
20. Museum Het Valkhof
21. Valkhofpark
22. Infocentrum WO2 Nijmegen
23. Grote Markt / Mariken van Nieumeghen
24. In de Blaauwe Hand
25. Waaghals
26. De Hemel
27. Bairro Alto
28. Down Town
29. Make My Day
30. Stevenskerk
31. Philipse
32. Mood Conceptstore
33. Deja Vu
34. Zus & Zo Keukengerei
35. Café Wunderkammer
36. Cappello
37. 247 Store
38. De Bierhoeder
39. Lebowski
40. Bhalu
41. MUNT

ROUTE 2 > NIJMEGEN

ROUTEBESCHRIJVING 2 (ca. 3,4 km)

Je start deze route aan het begin van de Van Welderenstraat, waar je je ogen uitkijkt in de *urban jungle* ❶. Je vervolgt je weg langs allerlei leuke winkels en eetplekken ❷ ❸ ❹ ❺ ❻. Ga na een *smørrebrød* van Fika ❼ aan het einde van de straat linksaf bij het Hertogplein. Check alvast wijnbar Arentz voor een lekker wijntje in de namiddag ❽. Ga via Klein Mariënburg naar LUX ❾ en loop onder het gebouw door. Snuif wat geschiedenis op ❿ en ontdek vervolgens de Marikenstraat, met tal van leuke winkels en eetplekken op twee etages ⓫ ⓬ ⓭. Aan het einde sla je rechtsaf de Burchtstraat in, voor een lekker ijsje ⓮ en duurzaam shoppen ⓯. Verderop zitten meerdere leuke restaurantjes ⓰ ⓱ ⓲ ⓳. Steek over naar Museum Het Valkhof ⓴. Links daarvan kun je onder de boog door via een brug het Valkhofpark in ㉑. Loop door het park, achterin heb je een mooi uitzicht. Verlaat het park via de trappen bij de kapel. In de Lindenberg beleef je de historische gebeurtenissen van WOII ㉒. Ga naar rechts door de Burchtstraat richting de Grote Markt ㉓. Bekijk daar de belangrijkste dame uit de Nijmeegse geschiedenis en ga het steegje voorbij de Waag in, naar het oudste café van de stad ㉔ of om lp's te shoppen ㉕. Verderop aan de Korenmarkt zit stadsbrouwerij De Hemel ㉖ of ga voor een hippe koffiespot aan de Kannenmarkt ㉗ ㉘. Je komt weer uit op de Grote Markt. Steek die schuin over en loop de Stikke Hezelstraat in naar een leuke conceptstore ㉙. Ga een stukje terug en neem links de trap naar de Stevenskerk ㉚. Maak een rondje en waan je in Frankrijk ㉛. Je verlaat het kerkplein via de Zuiderkerktrappen en loopt vervolgens links de Houtstraat in, met tal van leuke boetieks en een gezellige borrelplek ㉜ ㉝ ㉞ ㉟ ㊱ ㊲. Aan het einde van de Houtstraat ga je rechts via Plein 1944 de Bloemerstraat in. Daar worden zowel bier- als wijnfanaten blij ㊳ ㊴ en je kunt er ook nog even tot rust komen ㊵. Sla verderop linksaf bij In de Betouwstraat. Daar eindigt de wandeling bij saladebar MUNT ㊶. Vanaf hier loop je in vijf minuten naar het centraal station.

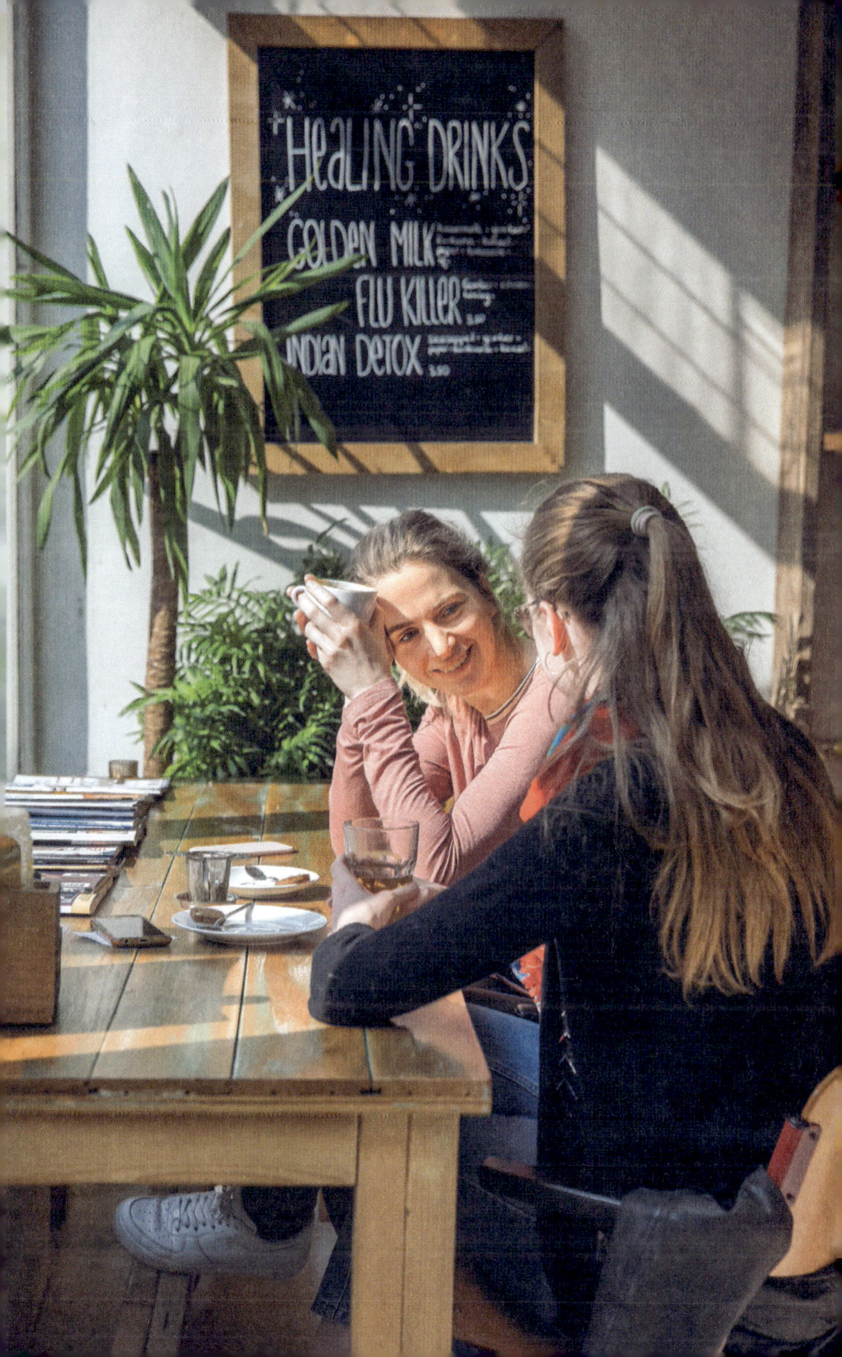
HEALING DRINKS
GOLDEN MILK
FLU KILLER
INDIAN DETOX

ROUTE 2 > NIJMEGEN

BEZIENSWAARDIGHEDEN

⑩ Begin je stadswandeling in het **Huis van de Nijmeegse Geschiedenis**. Hier kom je meer te weten over de historie via de Canon van Nijmegen: de vijftig belangrijkste verhalen over de stad zijn geselecteerd en digitaal te raadplegen.
mariënburg 26 (mariënburgkapel), www.huisvandenijmeegsegeschiedenis.nl, telefoon 0243293699, open di-za 11.00-17.00, zo 12.00-17.00, entree gratis, bus hertogplein

⑳ **Museum Het Valkhof** heeft een vaste collectie archeologie, moderne en oude kunst, maar daarnaast is er ook altijd een tijdelijke tentoonstelling. Het gebouw is een ontwerp van de befaamde architect Ben van Berkel, die onder andere ook de Erasmusbrug in Rotterdam ontwierp.
kelfkensbos 59, www.museumhetvalkhof.nl, telefoon 0243608805, open di-zo 11.00-17.00, entree € 12,50, bus valkhof

㉒ Nijmegen is flink getroffen tijdens de Tweede Wereldoorlog. Op 22 februari 1944 werd het centrum gebombardeerd en kwamen 800 mensen om het leven. In het **Infocentrum WO2 Nijmegen** is een indrukwekkende video-experience te zien, die de gebeurtenissen laat zien en voelen.
ridderstraat 23, www.infocentrumwo2.nl, open ma-za 10.00-17.00, zo 12.00-17.00, entree gratis, bus valkhof

㉓ Op de **Grote Markt** zie je duidelijk het contrast tussen het oude Nijmegen en het Nijmegen van na de Tweede Wereldoorlog. Het is een prima plek om lekker even neer te strijken op een terrasje. Midden op de Markt pronkt een beeld van de bekendste persoon uit de Nijmeegse geschiedenis: **Mariken van Nieumeghen**. Ze heeft nooit écht bestaan, maar is het hoofdpersonage in een 16e-eeuws mirakelspel dat voor een belangrijk deel in Nijmegen speelt.
grote markt, www.nijmegenonline.nl/grote-markt, bus burchtstraat

㉚ Het historisch middelpunt van Nijmegen is de **Stevenskerk**, daterend uit 1273. Tijdens de Tweede Wereldoorlog heeft de kerk veel schade opgelopen, daarna is hij gerestaureerd. Van begin april tot eind oktober is het mogelijk om de toren te beklimmen: elke maandag van 11.00 tot 13.00 uur en elke woensdag,

※ Don't miss
the highlights!

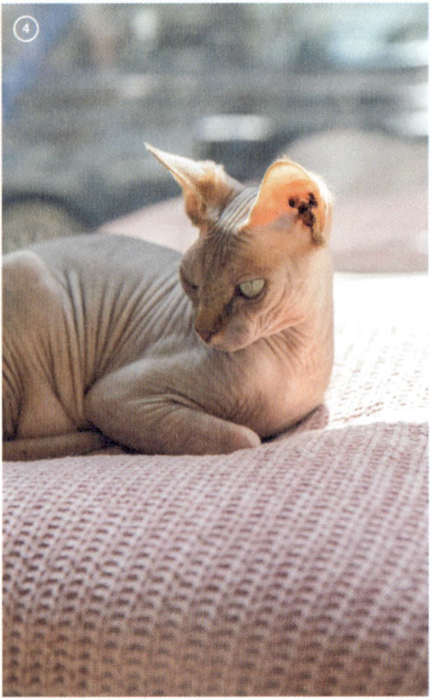
4

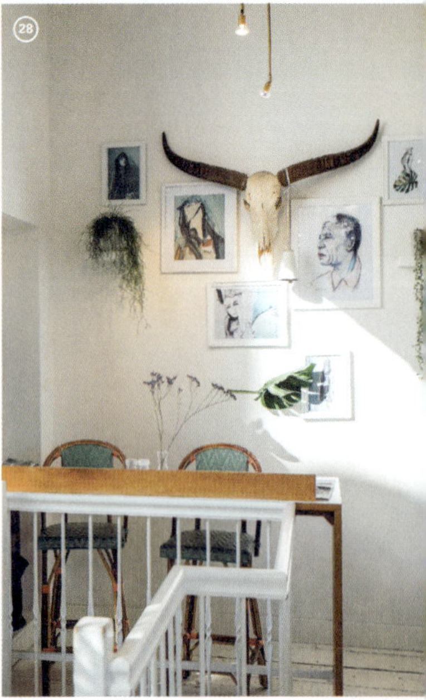
28

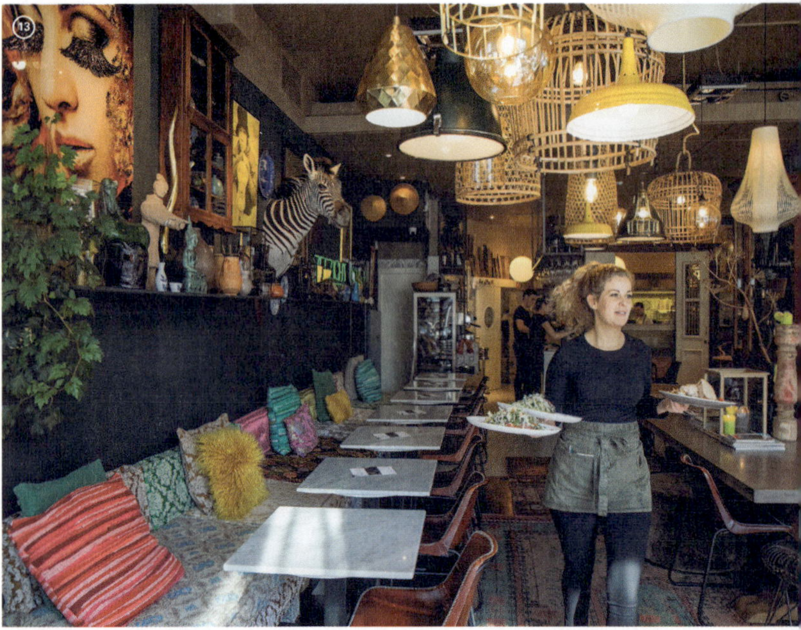
13

ROUTE 2 > NIJMEGEN

zaterdag en eerste zondag van de maand van 14.00 tot 16.00 uur. Op maandag is van 11.00 tot 12.00 uur de beiaardier aanwezig. Tijdens de Vierdaagsefeesten zijn er dagelijks concerten in de kerk.

sint stevenskerkhof 62, www.stevenskerk.nl, telefoon 0243604710, zie website voor openingstijden, entree kerk gratis, toren € 4, bus plein 1944

ETEN & DRINKEN

④ In **Kattencafé Balthazar** krijg je bij je gebakje of lunch een gratis dosis kattenliefde. Maar liefst zes katten wonen er in dit café, dus er is altijd wel een kandidaat voor een knuffel. Wil je alvast kennismaken met de bewoners? Check de Kattencourant op de website.

van welderenstraat 46, www.kattencafebalthazar.nl, telefoon 0682699393, open di-za 10.00-17.30, zo 12.00-17.30, prijs lunch € 7,50, lopend vanaf station of bus nassausingel

⑦ Echt de tijd voor elkaar nemen onder het genot van een lekker hapje en drankje, daar staat de Zweedse term *fika* voor. En dat is ook precies waar deze lunchspot zich uitstekend voor leent. Combineer drie kleine, maar erg rijk belegde *smørrebrødjes* tot één lunch. Ook voor het ontbijt of een vroege avondmaaltijd is **Fika** een fijne plek.

van broeckhuysenstraat 5-7, www.fika-nijmegen.nl, telefoon 0242060159, open dagelijks 10.00-20.00, prijs € 8,50, bus hertogplein

⑧ Bij **Wijn bij Arentz** staat alles in het teken van wijn. Je kunt er heerlijk borrelen met een keuze uit dertig wijnen die per glas worden geschonken en maar liefst vijfhonderd wijnen die je per fles kunt bestellen! Charcuterie, kaas, olijven of oesters maken de beleving compleet. Op donderdag zijn er regelmatig proeverijtjes.

hertogstraat 82, www.wijnbijarentz.nl, telefoon 0651415059, open ma & do-vr 16.00-0.00, za 14.00-0.00, zo 14.00-20.00, prijs glas wijn vanaf € 4,25, bus hertogplein

⑬ Oké, de zee moet je er even bij denken, maar je kijkt bij **Zeezicht** wél naar een fantastisch kleurrijk en werelds interieur. De maaltijden zijn altijd bijzonder

ROUTE 2 > NIJMEGEN

goed, de porties zijn groot en smaken verrassend. In de zomer kun je op het terras zitten, aan het pleintje met het herdenkingsmonument De Schommel, ter nagedachtenis aan het bombardement in 1944.
marikenstraat 42, www.zeezicht-nijmegen.nl, telefoon 0246791997, open di-vr 11.00-17.00, za 10.00-17.00, zo 12.00-17.00, prijs € 12, bus valkhof

(14) Het Noord-Limburgse familiebedrijf **Heldro IJs** bestaat al sinds 1938 en is een begrip in de regio en inmiddels ook in Nijmegen. Het geheim is eenvoud en kwaliteit. Geniet van dit superlekkere, ultraverse schepijs in één smaak, aan te kleden met tal van toppings naar keuze.
burchtstraat 122, www.heldro.nl, telefoon 0247370105, open ma-wo & vr-zo 12.00-18.00, do 12.00-21.00, prijs ijsje met topping € 3,50, bus valkhof

(16) De fantastische, kleurrijke gevel van **Credible** trekt je automatisch naar binnen, waar een heel gezellig, warm sfeertje je verwelkomt. Ieder moment van de dag kun je hier terecht voor een lekkere maaltijd. Je kunt er zelfs een nachtje bijboeken, als je echt niet meer naar huis wilt.
hertogstraat 1, www.in-credible.nl, telefoon 0243220498, open ma-vr 7.00-1.00, za-zo 8.00-1.00, prijs € 13,50, bus valkhof

(17) **Notting Hill** is een heel smal, gezellig restaurantje, waar je erg goed kunt eten voor een heel vriendelijke prijs. De kaart wisselt iedere drie weken. Het knusse interieur met muren vol kunst, geeft dat artistieke Notting Hill-gevoel.
kelfkensbos 28, www.nottinghill-nijmegen.nl, telefoon 0247676540, open dagelijks vanaf 17.00, prijs € 15, bus valkhof

(18) Geïnspireerd op de *butchers* in New York, vind je bij **The Black Fox** een combinatie van slagerij, bar en restaurant. Voor vleesliefhebbers is dit de perfecte spot. Je eet hier de beste *dry aged* steaks of ribeyes. Het interieur past volledig in het thema. Je waant je in een hippe slagerij!
kelfkensbos 32, www.theblackfox.nl, telefoon 0242020915, open di-zo 17.00-1.00, prijs € 20, bus valkhof

(19) Gerechten zonder poespas vormen de basis bij **Bistro Flores**. Er staan fantastische vleesgerechten op het menu, maar ook komen er regelmatig vis

(16)

en andere zeevruchten voorbij. De combinatie met een groot assortiment van de beste wijnen, maakt een avondje eten bij Flores echt een beleving.
kelfkensbos 43, www.bistroflores.nl, telefoon 0243221037, open di-za vanaf 17.30, prijs € 25, bus valkhof

㉔ **In de Blaauwe Hand** is het oudste café van Nijmegen. Het dateert uit 1542. Je kunt er terecht voor een heerlijk biertje, onder andere van de nabijgelegen stadsbrouwerij De Hemel. De warme chocolademelk is ook een aanrader. Maar of je nou komt om 's middags even uit te blazen, of voor een afzakkertje na het eten; In de Blaauwe Hand is gewoon een fijne plek voor ieder moment van de dag.
achter de hoofdwacht 3, www.indeblaauwehand.nl, telefoon 0243232066, open ma-di 15.00-0.00, wo-do 15.00-1.00, vr 15.00-2.00, za 13.00-2.00, zo 14.00-0.00, prijs biertje vanaf € 2,50, bus plein 1944

㉖ **De Hemel** ligt op een heel mooi plekje, buiten de stadsdrukte. Drink er lekker een biertje met een hapje, binnen of buiten in de mooie tuin. Of boek een rond-

ROUTE 2 > NIJMEGEN

leiding met proeverij door de gelijknamige stadsbrouwerij. Op zaterdag- en zondagmiddag is de brouwerij voor iedereen geopend, andere dagen kun je hier naar binnen op afspraak.

franseplaats 1, www.restaurantdehemel.nl, telefoon 0243333094, open ma 12.00-18.00, di-do 12.00-0.00, vr 12.00-1.00, za 11.00-1.00, zo 12.00-0.00, prijs € 17, bus waalkade

㉗ **Bairro Alto** is een erg fijne plek voor een kop koffie of lunch. Je kunt er ook een picknickmand bestellen om in het tegenovergelegen parkje te picknicken.

kannenmarkt 6, www.bairroalto.nl, open dagelijks 10.00-17.30, prijs lunch € 7,50, bus plein 1944

㉘ Twee koffieplekken op een rij! Naast Bairro Alto vind je **Down Town**. Ontbijtbowls, brunch, taart en koffie in alle soorten en maten. Doe lekker alsof je thuis bent. Ook bij het maken van je gerecht of broodje, want je kunt precies aangeven hoe jij het wilt uitbreiden met extraatjes. Dus ben je vleesliefhebber, vegetariër of veganist? Er is voor ieder wat wils!

kannenmarkt 16, www.downtownnmgn.nl, open wo-zo 8.30-17.00, prijs lunch € 8, bus plein 1944

㉛ Bij **Philipse** ben je even weg van de drukte van de stad. Je kunt er zowel binnen als buiten heerlijk koffiedrinken, brunchen, lunchen of hightheaën. In de winter is het genieten bij de houtkachel met een lp naar keuze op de platenspeler. Bijna alle brocante die je hier ziet staan of waar je van eet, is te koop.

sint stevenskerkhof 44, www.philipsekoffieenbrocante.nl, telefoon 0246841130, open ma-za 10.30-17.00, zo 12.00-17.00, prijs lunch € 7,50, bus plein 1944

㉟ **Café Wunderkammer** is een heerlijke borrelplek met wijntjes en biertjes van over de hele wereld. Ook leuk: deelbiertjes van 0,75 liter. Het is erg fijn om hier na een shopsessie even neer te ploffen. Een *Wunderkammer* (letterlijk: een rariteitenkabinet) was in de 17e en 18e eeuw een plek vol uiteenlopende objecten uit verre oorden. Dit zie je terug in het interieur van dit café én in het uiteenlopende aanbod aan dranken van over de hele wereld.

houtstraat 47, www.cafewunderkammer.nl, open di-za 11.00-3.00, zo 12.00-1.00, prijs broodje € 7,50, deelbier € 11,50, bus plein 1944

ROUTE 2 > NIJMEGEN

㊴ **Lebowski** is een heel relaxte, laagdrempelige wijnbar, waar je kunt bijkomen of bijkletsen met een lekker wijntje. Dit is dé plek waar hippe studenten samenkomen voor een drankje in de vroege avond.
bloemerstraat 84, www.bar-lebowski.nl, geen telefoon, open zo & di-do 15.00-0.00, vr-za 15.00-1.00, prijs glas wijn vanaf € 3,50, bus plein 1944

㊶ Saladebar **MUNT** is opgezet door twee vriendinnen met een passie voor vers, verantwoord en puur eten. Je kunt er terecht voor een heerlijke salade, een healthy bowl of een high health'ea (een gezonde high tea). Ga je liever voor iets warms? Ze serveren ook heerlijke soep en een stamppotje.
in de betouwstraat 28, www.muntsaladebar.nl, telefoon 0246756110, open ma-za 11.30-20.00, prijs € 11, bus smetiusstraat

SHOPPEN

① Wil je écht een bijzondere winkel zien? In **De Museumwinkel** waan je je in een ware *urban jungle*. Overal waar je kijkt staren de ogen van opgezette dieren je aan, variërend van een groene papegaai tot een leeuw. Wees gerust, alle dieren die je in deze winkel kunt kopen, zijn een natuurlijke dood gestorven.
van welderenstraat 114, www.demuseumwinkel.com, telefoon 0243600506, open ma 13.00-18.00, di-wo & vr 10.00-18.00, do 10.00-19.00, za 10.00-17.30, laatste zo van de maand 12.00-17.00, lopend vanaf station of bus nassausingel

② Bij dat nieuwe paar sneakers hoort eigenlijk een compleet nieuwe look! Bij **COEF Concept Store** vind je een grote collectie sneakers voor zowel mannen als vrouwen, en je kunt meteen in de kappersstoel plaatsnemen om ook even die coupe aan te laten pakken.
van welderenstraat 76-80, www.coefconceptstore.nl, telefoon 0243231395, open ma-wo & vr 9.30-18.00, do 9.30-21.00, za 9.00-17.00, zo 12.00-17.00, lopend vanaf station of bus nassausingel

③ Bij de bijzondere cadeauwinkel **Bofligt** is het heerlijk rondstruinen en snuffelen tussen alle mooie spulletjes. Je vindt hier altijd de beste

Cheers!

ansichtkaarten en gewoon fijne cadeautjes, voor jezelf of een ander. Ook voor kinderen!
van welderenstraat 52a, www.bofligt.nl, telefoon 0243888043, open di-wo & vr 10.00-17.30, do 10.00-20.00, za 10.00-17.00, 1e zo van de maand 12.00-17.00, lopend vanaf station of bus nassausingel

⑤ **Boekhandel Roelants** is een boekwinkel zoals je die het liefst hebt. Je kunt hier uren dwalen tussen de boeken. Het aanbod aan literatuur is net iets 'anders dan anders', met als specialismen filosofie, kunst, politiek en geschiedenis. Vergeet vooral ook niet om de uitgebreide ramsj-afdeling te bezoeken. Die heeft landelijke bekendheid.
van broeckhuysenstraat 34, www.roelants.nl, telefoon 024 3221734, open ma 12.00-18.00, di-wo & vr-za 10.00-18.00, do 10.00-20.00, za 09.30-18.00, zo 12.00-17.00, bus hertogplein

⑥ In dit pand huizen twee ondernemingen: **512**, met (duurzame) kwaliteitskleding en accessoires voor vrouwen, en **Bleshyou**, voor bijzondere planten mét

ROUTE 2 > NIJMEGEN

karakter (*www.bleshyou.nl*). Zo verwen je niet alleen jezelf, maar ook je huis met iets moois!
van broeckhuysenstraat 20, www.512-nijmegen.nl, telefoon 0246636864, open di-wo & vr 10.00-18.00, do 10.00-20.00, za 10.00-17.00, zo 12.00-17.00, bus hertogplein

⑪ Het is altijd fijn om bij boekhandel **Dekker v.d. Vegt Boekverkopers** binnen te lopen. De boeken zijn naar thema ingedeeld en je wordt door de winkel heen geleid via tafels met uitgelichte boeken. In het leescafé kun je meteen even in je nieuwe aanwinst duiken. Ook kun je hier terecht voor koffie, taart en de nieuwste kranten. Heerlijk!
marikenstraat 29, www.libris.nl/dekker-vd-vegt, telefoon 0243020130, open ma 11.00-18.00, di-wo & vr-za 9.30-18.00, do 9.30-21.00, zo 12.00-17.00, bus hertogplein

⑫ **Charlie & Goods** zit boordevol kleding van erg fijne en mooie merken. Vraag vooral ook advies aan eigenaresse Charlotte of een van haar collega's. Dan loop je gegarandeerd met een big smile de deur uit, en met een tas kleding.
marikenstraat 63, www.charlieandgoods.nl, telefoon 0246634144, open di-wo & vr 10.00-18.00, do 10.00-21.00, za 10.00-17.00, zo 12.00-17.00, bus valkhof

⑮ **Van Nature** is hét duurzame warenhuis van Nijmegen. Je vindt hier het grootste assortiment biologische en fairtrade-kleding van Nederland, maar ook cosmetica, cadeauartikelen, tuinspullen en woonaccessoires.
burchtstraat 126, www.vannature-nijmegen.nl, telefoon 0246756035, open ma-wo & vr 10.00-18.00, do 10.00-21.00, za 10.00-17.00, bus valkhof

㉕ Voor iedereen die graag nog eens een cd of lp luistert, oud óf nieuw, is **Waaghals** hét adres. Dagelijks wordt de collectie uitgebreid, dus grote kans dat je hier vindt wat je zoekt.
achter de hoofdwacht 7, www.waaghals.com, telefoon 0243223922, open ma 12.00-18.00, di-wo & vr-za 10.00-18.00, do 10.00-21.00, zo 12.00-17.00, bus waalkade

㉙ De toffe conceptstore **Make My Day** kun je niet voorbijlopen zonder even naar binnen te gaan. Hier koop je mooie kleding (een mix van nieuw en vintage), fijne dingen voor in huis en lp's. Aan de ene kant van de straat zit de vestiging

ROUTE 2 > NIJMEGEN

voor dames, en aan de andere kant van de straat kunnen heren hun slag slaan.

stikke hezelstraat 65, www.makemydaynijmegen.nl, telefoon 0243234000, open ma-wo & vr 10.00-18.00, do 10.00-21.00, za 10.00-18.00, zo 12.00-17.00, bus plein 1944

(32) Bij **Mood Conceptstore** word je door de lichte, serene etalage meteen naar binnen getrokken. Je vindt er fashion, sieraden en interieurspulletjes van jonge ontwerpers. Ook kun je er op inschrijving een workshop volgen, waarbij je in één ochtend een eigen lederen accessoire naar keuze maakt.

houtstraat 59, www.mood-conceptstore.nl, telefoon 0246793833, open ma 13.00-17.30, di-za 10.00-17.30, zo 12.00-17.00, bus plein 1944

(33) **Deja Vu** is het 'waalhalla' voor interieurdesign. Ze verkopen accessoires en meubels, maar ook sieraden en tassen. De ruim opgezette winkel is een bron van inspiratie voor je eigen huis.

houtstraat 57, www.dejavu.nl, telefoon 0243239493, open di-wo & vr 10.00-17.30, do 10.00-20.00, za 10.00-17.00, 1e zo van de maand 13.00-17.00, bus plein 1944

(34) **Zus & Zo Keukengerei** is een speciaalzaak voor de kookliefhebber, maar ook voor de startende kok. Je vindt er alles voor in de keuken: van grootse keukenapparaten tot kleinere gadgets en een uitgebreide verzameling kookboeken. Ook voor de espresso-lover is hier genoeg te vinden. De mooiste machines staan hier uitgestald. Het is gewoon een fijne winkel om rond te kijken en jezelf te laten inspireren.

houtstraat 49-51, www.zusenzokeukengerei.nl, telefoon 0243605381, open ma 12.00-18.00, di-vr 9.30-18.00, za 9.30-17.00, 1e en laatste zo van de maand 13.00-17.00, bus plein 1944

(36) Het kleurrijke paradijsje **Cappello** is al meer dan 25 jaar dé hoedenspeciaalzaak van Nijmegen. Je kunt je nieuwe look afmaken met een mooie leren tas of sjaal en bijpassende schoenen.

houtstraat 28, www.cappello.nl, telefoon 0243229282, open ma 12.00-17.30, di-vr 10.00-17.30, za 10.00-17.00, 1e zo van de maand 13.00-17.00, bus plein 1944

KEEP CALM
AND
GO TO THE
BOOKSHOP

Laze in the park

㊲ Sneakers, kleding, skateboards en accessoires; bij **247 Store** ben je aan het juiste adres. Ze verkopen bijzondere modellen en soms is er livemuziek.
houtstraat 17, www.247-premium.com, telefoon 0243237356, open ma 13.00-17.30, di-wo & vr 11.00-17.30, do 11.00-20.00, za 10.00-17.30, zo 13.00-17.00, bus plein 1944

㊳ **De Bierhoeder** weet echt álles over speciaalbier. Billy is zijn echte naam en hij adviseert je graag en met de mooiste verhalen over de biertjes. Je kunt in de winkel speciaalbier kopen, maar je kunt er ook terecht voor een proeverij en er worden masterclasses over bier georganiseerd.
bloemerstraat 86, www.debierhoeder.nl, telefoon 0243601620, open di-wo 12.00-19.00, do-vr 12.00-21.00, za 11.00-18.00, bus plein 1944

LEUK OM TE DOEN

⑨ Bij **LUX**, hét culturele centrum van Nijmegen, is altijd wat te doen. Dagelijks draait er een uitgebreid programma aan arthousefilms, maar je kunt ook regel-

matig naar theater, debat of dans. In de ruim opgezette foyer hangt een ontspannen en dynamisch sfeertje. Maak daar even een tussenstop voor een drankje of een hapje. Op zondag kun je er terecht voor het FilmOntbijt: eerst lekker ontbijten en aansluitend naar de film!
mariënburg 38-39, www.lux-nijmegen.nl, telefoon 0243816859, open café zo-do 9.00-1.00, vr-za 9.00-2.00, bus hertogplein

㉑ Het **Valkhofpark** kent een rijke historie. Zowel de Romeinen als Karel de Grote hadden er hun verblijfplaats. Helaas zijn momenteel enkel nog de Sint-Nicolaaskapel en de Barbarossaruïne herinneringen aan toen. De kapel is van begin april tot eind oktober geopend voor publiek. Check de website. Vanuit het park heb je een erg mooi uitzicht op de Waal, de Waalbrug en het rivierengebied. Neem even een momentje rust in de stadsdrukte.
kelfkensbos 59, www.valkhof.nl, park altijd geopend, kapel apr-okt di-zo 11.00-16.45, entree gratis, bus valkhof

㊵ Food, drinks & yoga; **Bhalu** is een plek om tot rust te komen. Je waant je écht even op een exotische plek, tussen alle groene planten. Je kunt er terecht om wat te drinken of eten. Als je zin hebt, kun je zelfs een yogalesje volgen.
bloemerstraat 95, www.bhalu.nl, telefoon 0242074308, open ma-do 8.00-21.00, vr 8.00-17.00, za-zo 10.00-17.00, prijs yogales € 14, bus plein 1944

AMERSFOORT

SFEERVOL & KARAKTERISTIEK

CITY HIGHLIGHTS
ONZE LIEVE VROUWETOREN + MONNIKENDAM + MUSEUM FLEHITE + KOPPELPOORT + DE NIEUWE STAD

DE STAD

Amersfoort is een stad die misschien niet direct in je opkomt als je een stedentrip plant. Maar het midden van het land is meer dan een bezoekje waard. De stad is klein, compact, enorm geliefd bij haar inwoners én je hebt er alles.

En met alles bedoelen we ook echt alles. Het maakt in Amersfoort niet uit of je op zoek met naar unieke boetieks, vintage winkels of juist lekker de grotere ketens wil afstruinen. Industrieterrein **De Isselt** is een droom voor vintage-fans en wat boetieks betreft kun je volop shoppen in **De Krommestraat**.

En ook als je op zoek bent naar fantastisch eten zit je hier goed. Om nog maar te zwijgen van de talloze kroegen met heel veel bieren. Amersfoorters zijn gek op bier brouwen, dus genoeg keus uit lokale dranken. Een stad en streek proeven was nog nooit zo makkelijk. Plof neer op een van de twee gezellige pleinen of verdwaal in de straatjes in en om het centrum heen.

Liefhebber van geschiedenis en oude architectuur? De stad kent een **rijke historie** en ademt die nog steeds. De talloze monumentale panden, kleine straatjes en verborgen hoekjes hebben allemaal een verhaal. Ontdek de verhalen of droom weg bij de statige gebouwen en laat je fantasie de vrije loop.

Deze stad heeft je talloze dingen te bieden en zal niet snel gaan vervelen. Wandel, ontdek, winkel, eet, drink, sport en vooral: dwaal door Amersfoort en laat je verrassen.

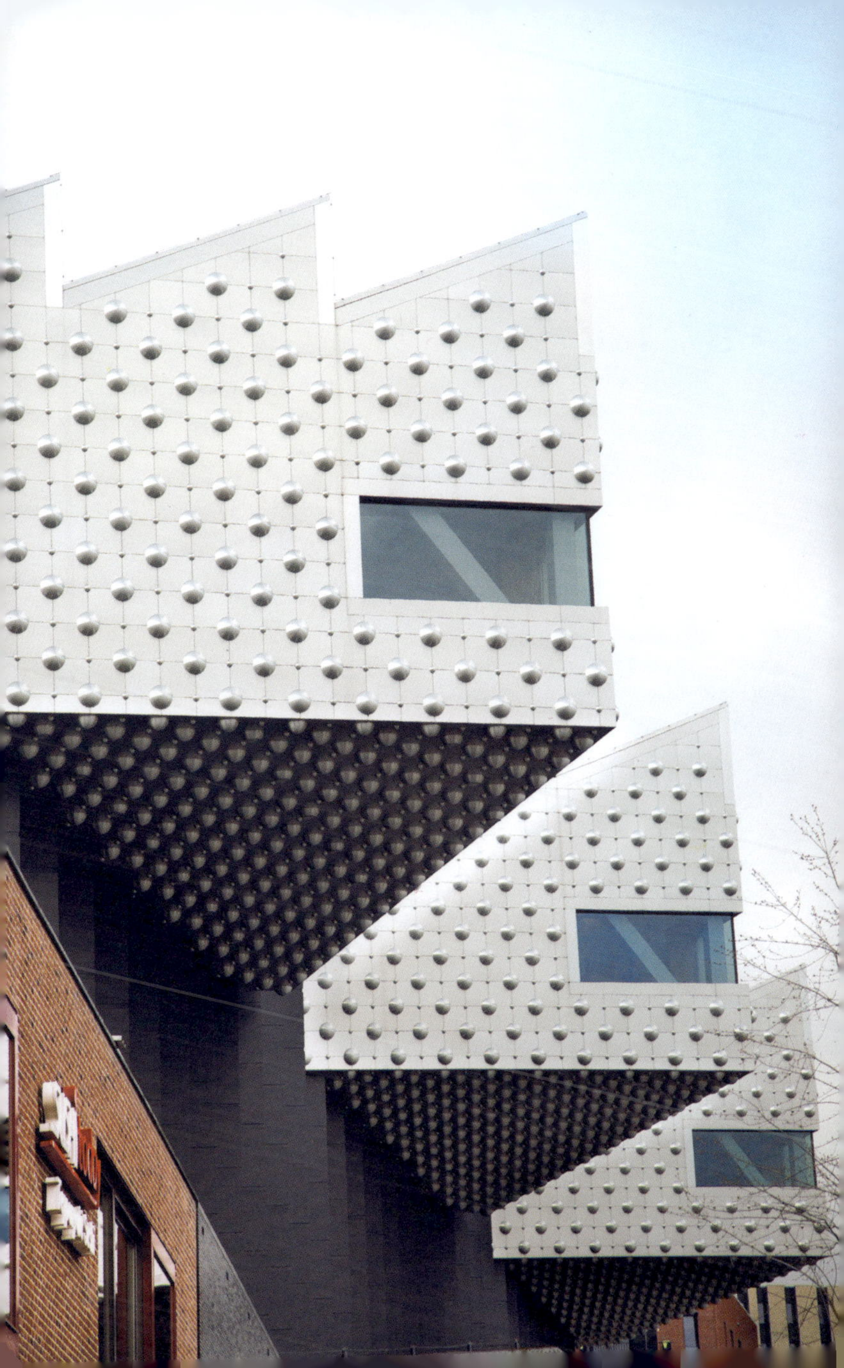

ROUTE 3

CENTRUM & EEMKWARTIER

OVER DE ROUTE

Deze wandeling leidt je langs alle hoogtepunten in het oude centrum van Amersfoort. Duik de gezellige steegjes vol bijzondere winkels en sfeervolle cafés rondom de Langestraat in, of wandel via Muurhuizen langs de monumenten. Na de levendige Krommestraat ga je de Koppelpoort door richting De Nieuwe Stad, een nieuwe industriële hotspot. Je eindigt op het steeds levendiger wordende industrieterrein met bier, vintagewinkels en goed eten.

DE WIJKEN

Amersfoort is voor velen een nog niet ontdekte parel in het hart van Nederland. Letterlijk, want het middelpunt van Nederland bevindt zich in de **Onze Lieve Vrouwetoren**. Het is een stad die bruist, zeker in de weekenden. Of je nou zin hebt in lokale bieren, de beste wijnen, een goede daghap of juist een chic diner, je vindt het hier allemaal. Ook voor liefhebbers van kunst en cultuur is er genoeg: van jazzfestivals tot straatkunst en de beste galeries en musea. En als winkelliefhebber kun je ook goed slagen: de stad zit vol kleine én grotere boetieks.

Je begint op de **Hof**, een van de twee grote horecapleinen. Ga voor een Amerikaans ontbijt of kies juist voor speciaalbieren. Daarna leiden we je kriskras de stad door: langs de beste frietzaak van Nederland, de oude stadsmuur, stadspoorten, musea en fotogenieke plekjes.

Als je klaar bent in de binnenstad, ligt er ook nog een nieuw deel Amersfoort aan je voeten: het **Eemplein** en **De Nieuwe Stad** liggen net buiten het stadshart, maar mag je niet overslaan. Poppodium FLUOR organiseert de beste feestjes en concerten, terwijl je in **Kunsthal KAdE** tot rust komt met bijzondere exposities. In De Nieuwe Stad vind je talloze creatieve ondernemers, van wie je vaak het atelier of de werkplaats kunt bezoeken. De route sluit je af met een ijsje vanVitelli.

ROUTE 3 > AMERSFOORT

Mocht je nog niet klaar zijn met je ontdekkingsreis, dan wandel je in een kwartier naar het industrieterrein **Isselt**. Je vindt er een van de leukste vintagewinkels van het land, een brouwerij en fijne restaurants. Dit gebied is nog heel erg in ontwikkeling, dus grote kans dat je er leuke, nieuwe adresjes ontdekt.

WEINIG TIJD? DIT ZIJN DE HOOGTEPUNTEN:
MUURHUIZEN + KROMMESTRAAT + WATERLIJN AMERSFOORT + STADSBROUWERIJ DE DRIE RINGEN + MOOIERSTRAAT

TIPS
// Een route voor bourgondiërs
// Neem je camera mee naar deze fotogenieke stad
// Sta op het middelpunt van Nederland

Feel the history

Relax ;-)

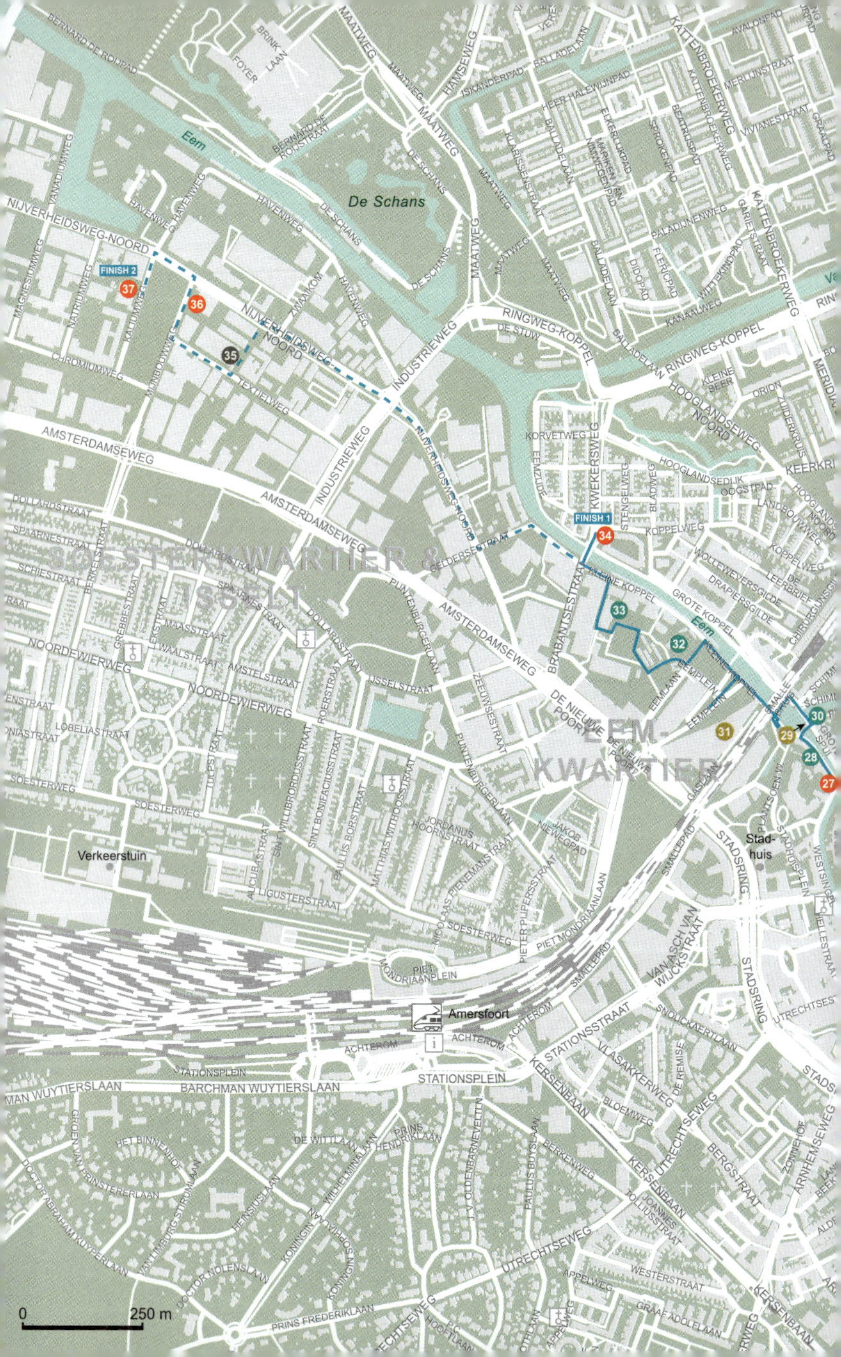
De Schans
Eem
SOESTERKWARTIER & ISSELT
EEM-KWARTIER
FINISH 1
FINISH 2
27
28
29
30
31
32
33
34
35
36
37
NIJVERHEIDSWEG-NOORD
AMSTERDAMSEWEG
INDUSTRIEWEG
RINGWEG-KOPPEL
MAATWEG
HAMSEWEG
KATTENBROEKERWEG
HOOGLANDSEWEG-NOORD
KLEINE KOPPEL
GROTE KOPPEL
BRABANTSESTRAAT
KWEKERSWEG
DE NIEUWE POORT
NOORDEWIERWEG
SOESTERWEG
DOLLARDSTRAAT
STADSRING
STATIONSSTRAAT
STATIONSPLEIN
BARCHMAN WUYTIERSLAAN
KERSENBAAN
UTRECHTSEWEG
ARNHEMSEWEG
PIET MONDRIAANLAAN
PRINS FREDERIKLAAN
Verkeerstuin
Stad-huis
Amersfoort
0
250 m

LEGENDA

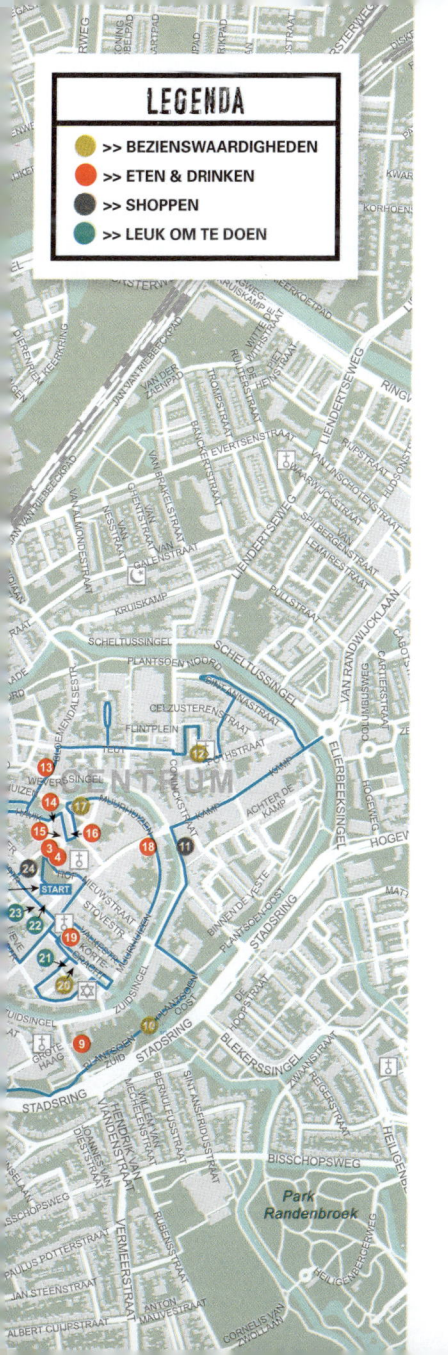

- 🟡 >> BEZIENSWAARDIGHEDEN
- 🔴 >> ETEN & DRINKEN
- ⚫ >> SHOPPEN
- 🟢 >> LEUK OM TE DOEN

AMERSFOORT

1. Jackie Brown
2. The Blueberry
3. 't Witte Konijn
4. Alberts eten & drinken
5. Onze Lieve Vrouwetoren
6. Boothill Saloon
7. Hete Kolen
8. The Streetfood Bar
9. Zuster Margaux
10. Monnikendam
11. Boetiek 033
12. Hofje De Armen de Poth
13. Kafé Van Zanten / Eetkamer Van Zanten
14. Tjommies
15. Livingstone Coffee Bar
16. Café Onder de Linde
17. Muurhuizen
18. Vlaams fritshuis van Gogh
19. Sla En Meer
20. Mondriaanhuis
21. Mooierstraat
22. Waterlijn Amersfoort
23. Krommestraat
24. Bierwinkel HOP
25. Velvet Music
26. Museum Flehite
27. WestWing / WestSingel
28. Stadsbrouwerij De Drie Ringen
29. Koppelpoort
30. Volmolen
31. Kunsthal KAdE
32. Zandfoort aan de Eem
33. De Nieuwe Stad
34. IJs vanVitelli
35. VINT
36. Rock City Brewpub
37. RAUW

ROUTEBESCHRIJVING 3 (ca. 8,4 km)

Begin je route op de Hof met goed eten of een borrel ❶ ❷ ❸ ❹. Loop via Zevenhuizen rechts de Langestraat op. Neus even bij Boekhandel Veenendaal en ga dan bij de Lieve Vrouwestraat rechts naar het Lieve Vrouwekerkhof ❺. Loop de Krankeledestraat in, duik het Boothill-terras ❻ op of reserveer vast bij Hete Kolen ❼. Ga nog eens rechts de Langestraat op, ga bij de splitsing links en dan rechts naar de Arnhemsestraat om de Thaise gerechten van The Streetfood Bar ❽ te proeven. Maak een foto bij de Amersfoortse Kei en loop links het plantsoen op. Je komt uit bij Zuster Margaux ❾ voor een goed glas wijn. Wandel verder over hetzelfde pad voor een prachtig uitzicht aan je linkerhand ❿. Ga dan links de Herenstraat in en rechts de Zuidsingel op ⓫. Buig met de weg mee en sla rechtsaf de Kamp op. Creëer een fotomomentje bij De Stier op de rotonde en ga dan verder over de stadsmuur. Ga bij het trappetje weer naar beneden, de Sint Annastraat in. Ga rechts op de Sint Rochusstraat en daarna rechts op de Pothstraat. Rechts vind je een verstopt hofje ⓬, dat via een geheime uitgang leidt naar Teut. Spiek halverwege Teut even bij het Dreyershofje en maak er een rondje. Sla aan het eind van Teut linksaf ⓭. Ga op het Havik rechts ⓮ ⓯ ⓰ en loop via de Appelmarkt naar Muurhuizen ⓱. Stop bij Van Gogh ⓲ voor een frietje. Wandel verder via Muurhuizen, ga rechts de Valkestraat in, links de Vismarkt over ⓳ en nogmaals links richting het Mondriaanhuis ⓴. Shop mooie spullen in de Mooierstraat ㉑. Vervolg je weg naar Muurhuizen en dan via de synagoge en de Kortegracht naar de Krommestraat ㉒ ㉓ ㉔ ㉕. Ga rechts en flaneer nog even over het Havik aan beide kanten van het water voor de mooiste foto's. Ga verder op de Nieuweweg. Links vind je museum Flehite ㉖. Ga links naar Het Zand. Drink op het Kleine Spui een borrel ㉗ ㉘ en bezoek de Koppelpoort ㉙ ㉚. Loop door de poort en steek via de brug het water over; je hebt prachtig zicht op de poort. Steek onder de brug naar Kunsthal KAdE, links ㉛. Als je doorloopt op de Kleine Koppel, loop je via de Eemlaan naar Zandfoort ㉜ en De Nieuwe Stad ㉝. Eindig je wandeling met een ijsje in een oud benzinestation aan de Kwekersweg ㉞.
Zin om nog meer Amersfoort te ontdekken? De optionele route gaat verder over de Kleine Koppel en buigt met de weg mee naar de Nijverheidsweg. Loop met de weg mee, ga bij het tankstation linksaf ㉟, loop om het pand heen en drink een Rockcity-biertje of eet wat bij RAUW ㊱ ㊲.

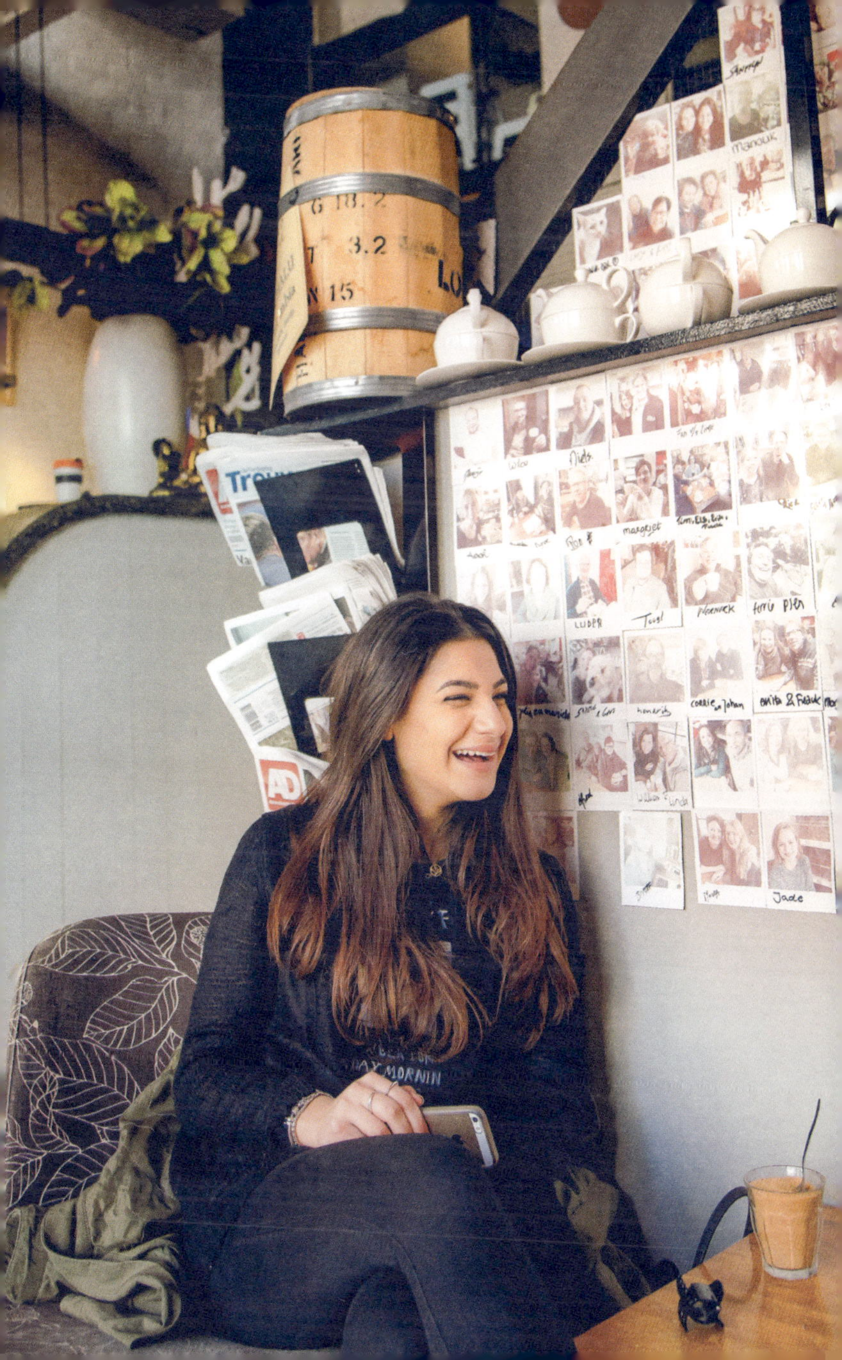
AD
Manouk
Jade

BEZIENSWAARDIGHEDEN

⑤ De **Onze Lieve Vrouwetoren** is het boegbeeld van de stad. Met zijn 98 meter torent de Lange Jan, zoals Amersfoorters hem ook noemen, boven het centrum uit. Op het Lieve Vrouwekerkhof kun je een kaartje kopen voor een beklimming van de 346 treden, maar je kunt 'm ook van onderaf bekijken vanaf een terrasje op het plein. Leuk weetje: de toren staat op het kadastraal middelpunt van Nederland.
krankeledenstraat 30, www.onzelievevrouwetoren.nl, telefoon 0334659412, open ma 11.00-17.30, di-vr 10.00-17.30, za 10.00-16.00, apr-okt ook zo 10.00-17.00, prijs beklimming € 5, bus 1, 2, 3, 4, 7, 76 stadhuis

⑩ De wandelroute om de tweede stadsmuur heen leidt je onder andere over de **Monnikendam**. Deze waterpoort bestaat uit twee torens en een poortboog. In het voorjaar staan de krokussen in de grasstroken om de brug heen in bloei, wat mooie plaatjes oplevert. Blijf vooral boven op de brug stilstaan om de stad in te kijken, je krijgt ineens een heel ander gevoel bij Amersfoort.
plantsoen oost 2, www.vvvamersfoort.nl, open dagelijks, entree gratis, bus 5, 6, 17, 82, 102 hendrik van viandenstraat

⑫ De kans is klein dat je er per ongeluk terechtkomt, **Hofje De Armen De Poth** zit namelijk goed verstopt. Het bestaat sinds 1350 en de oudste resten stammen uit 1450. Armen en zieken verzorgen was initieel het doel van de broeders die op het terrein woonden. De kapel – loop om de huizen heen om 'm te vinden – wordt nog steeds regelmatig gebruikt, onder andere voor concerten. Let op: je mag hier alleen in tussen zonsopgang en zonsondergang, omdat er nog mensen wonen.
pothstraat 16, www.armendepoth.nl, telefoon 0334721419, open dagelijks, entree gratis, bus 5, 6 kamp/de stier

⑰ **Muurhuizen** is een prachtige eeuwenoude straat die als een grote halve cirkel om het centrum ligt. Ooit gaf deze lijn de rand van de stad aan. Toen die zich vanaf 1380 uitbreidde, werd de stadsmuur verlegd en zijn van de oude muurresten deze huizen gebouwd. Doordat het in een breed tijdsbestek gebeurde, is ieder pand hier anders: van statige huizen met hoge ramen tot smalle arbeiderswoningen. Een fijne straat om te bewandelen, met talloze fotoplekjes.
muurhuizen, bus 1, 2, 3, 4, 7, 76 stadhuis

31

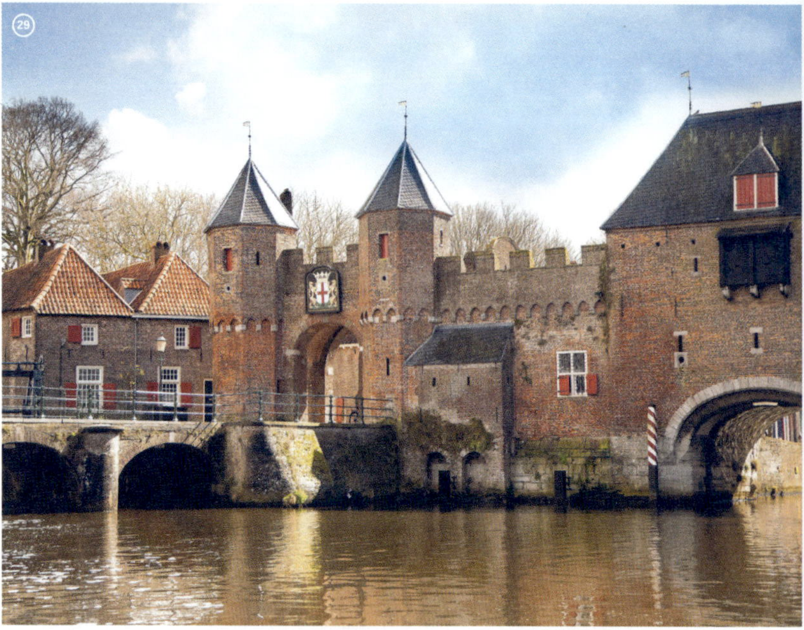
29

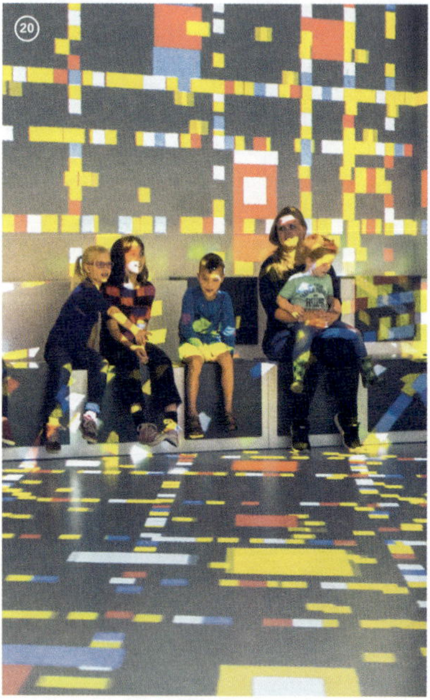
20

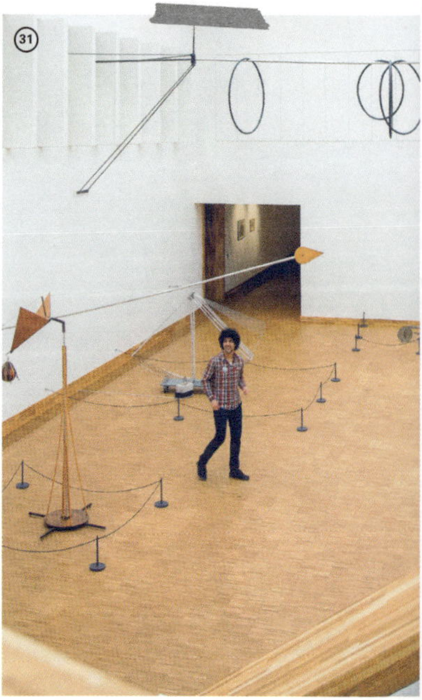
31

ROUTE 3 > AMERSFOORT

(20) Een van Nederlands bekendste modernistische schilders, Piet Mondriaan, werd op 7 maart 1872 geboren in Amersfoort. Hij woonde tot zijn achtste levensjaar in de woning die nu dienstdoet als het **Mondriaanhuis**. Verwacht in dit museum niet zijn bekende werken met blokken en primaire kleuren, het draait hier vooral om de persoon Mondriaan. Neem bijvoorbeeld een kijkje in zijn op ware grootte nagebouwde Parijse atelier. Het museum organiseert regelmatig workshops, ook voor kinderen. Kijk op de website voor het programma.
kortegracht 11, www.mondriaanhuis.nl, telefoon 0334600170, open di-zo 11.00-17.00, entree € 12,50, bus 5, 6, 8, 17, 80, 82, 102 centrum

(26) In drie monumentale, laatmiddeleeuwse muurhuizen is **Museum Flehite** gevestigd, een kunsthistorisch museum. Je krijgt hier een goed beeld van de Amersfoortse geschiedenis. De vaste collectie bestaat uit schilderijen, prenten en foto's, en er zijn wisselende kunsttentoonstellingen.
westsingel 50, www.museumflehite.nl, telefoon 0332471100, open di-zo 11.00-17.00, entree € 12,50, bus 1, 2, 3, 4, 7, 76 stadhuis

(29) Vanuit de noordwestkant van de stad vormt de **Koppelpoort** de entree tot de binnenstad. De stadspoort stamt uit 1400 en heeft een sprookjesachtig uiterlijk, met bogen en torentjes. Een van de meest gefotografeerde plekjes in Amersfoort. Af en toe kun je naar binnen, check daarvoor de VVV Amersfoort.
kleine spui 32, www.vvvamersfoort.nl, open op aanvraag, bus 1, 2, 3, 4, 7, 76 stadhuis

(31) Het moderne Eemhuis met de drie kolossale 'zwevende' blokken, is een opvallend gebouw. Links huist **Kunsthal KAdE**. Dat is een museum zonder eigen collectie, maar met wisselende tentoonstellingen op het gebied van hedendaagse kunst, architectuur en design. De museumshop is zonder kaartje toegankelijk en heeft een uitgebreid assortiment kunstboeken en designartikelen. In het rechterblok zit de bibliotheek; de enorme hal is indrukwekkend om te zien.
eemplein 77, www.kunsthalkade.nl, telefoon 0334225030, open di-zo 11.00-17.00, entree € 12,50, bus 1, 2, 3, 4, 7, 76 eemplein

ETEN & DRINKEN

① Af en toe heb je een *new kid in town* die zonder moeite de coolste is. Met goede cocktails, Biggie Smalls op de muur en fantastisch eten, zit **Jackie Brown** elk weekend vol. Streetart en popcultuur voeren qua stijl de boventoon en de sfeer is relaxed. De gerechtjes zijn klein, waardoor je de hele kaart kunt proeven.
hof 23, www.jackiebrown.nl, telefoon 0337200877, open ma-do 17.00-0.00, vr-zo 11.30-0.00, prijs vanaf € 7,50, bus 1, 2, 3, 4, 7, 76 stadhuis

② Een stukje culinair New York in Nederland vind je op de Hof. Niet alleen het interieur van **The Blueberry** is geïnspireerd op The Big Apple, ook de menukaart. Eet fluffy (vegan) pancakes, drink een roze eenhoornsmoothie of ga voor een avocado *smash* op toast. Bestel je een vers sapje, dan krijg je een lekker groot glas. De specials worden regelmatig vernieuwd waardoor je telkens weer iets nieuws proeft.
hof 21, www.theblueberry.nl, telefoon 0337520226, open di-do 10:00-17:00, vr-zo 09:00-17:00, prijs € 5, bus 1, 2, 3, 4, 7, 76 stadhuis

③ Wie van bier houdt, moet langs **'t Witte Konijn**. De speciaalzaak heeft twintig bieren op de tap en zo'n driehonderd op de kaart. De zaak is opgezet door Helmer, die jarenlang een biercafé in Delft had. Hij en zijn collega's vertellen je graag alles over de bieren. Ze hebben een goeie kaart met op bier geïnspireerde gerechten.
hof 8, www.wittekonijn.nl, telefoon 0337370467, open di-do 14.00-1.00, vr-za 11.00-2.00, zo 11.00-1.00, prijs bier € 2,50-€ 30, hoofdgerecht € 15,90, bus 1, 2, 3, 4, 7, 76 stadhuis

④ **Alberts eten & drinken** is een café-restaurant dat vernoemd is naar meneer Alberts, de vroegere bewoner van het pand. Hij bezat daarmee het laatste woonhuis op de Hof. Zijn foto hangt achter in de zaak. Tegenwoordig is het een moderne zaak waar je de hele dag terechtkunt: van ontbijt tot diner, maar ook voor een goede gin-tonic. Vergeet niet een kijkje te nemen in de oude werfkelder.
hof 5, www.albertsetenendrinken.nl, telefoon 0337200810, open zo-do 10.00-0.00, do-za 10.00-1.00, prijs € 20, bus 1, 2, 3, 4, 7, 76 stadhuis

⑥ Een van de fijnste terrassen in Amersfoort ligt onder de Onze Lieve Vrouwetoren en deelt **Boothill Saloon** met de buren: Long John's Pub en Charlie's

Burger 33. Tot 1 uur 's nachts zit je hier heerlijk aan het water. In het weekend verandert deze kroeg in een rock-'n-rollplek waar de gitaren door de oren van de lokale rockliefhebbers scheuren.
krankeledenstraat 16, www.boothillsaloon.nl, telefoon 0334618007, open zo-do 14.00-2.00, vr-za 14.00-3.00, prijs € 9, bus 5, 6, 8, 17, 80, 82, 102 centrum

⑦ Barbecueliefhebbers opgelet! **Hete Kolen** heeft er haar expertise van gemaakt om het beste vlees te bereiden op de barbecue. Van knapperig buikspek tot malse kip en ook gewoon een heerlijke biefstuk, saté of een burger. Voor visliefhebbers is er vis van de dag. Als je keuzestress hebt en van alles wat wilt proeven, bestel dan de plank. Tip: wel even reserveren!
krankeledenstraat 7, www.hete-kolen.com, telefoon 0850160026, open dagelijks 17.00-22.00, prijs € 13,50, bus 5, 6, 8, 17, 80, 82, 102 centrum

⑧ Voor de liefhebbers van pittig eten heeft Amersfoort **The Streetfood Bar**. Ze serveren authentiek Thais streetfood. Kruidig, voedzaam én geschikt voor vegetariërs en veganisten. De sfeer is ongedwongen, je pakt je eigen drinken

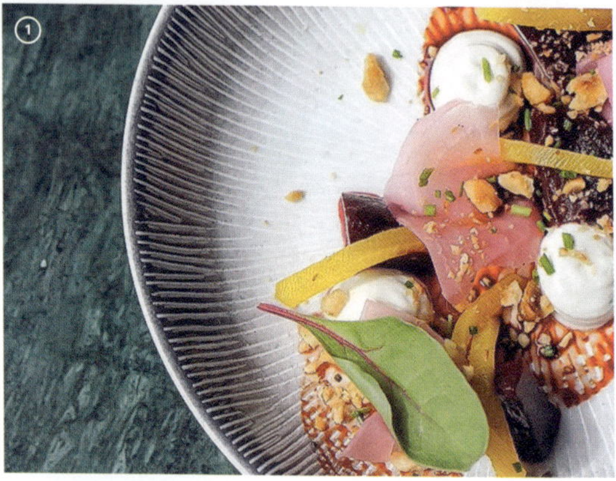
1

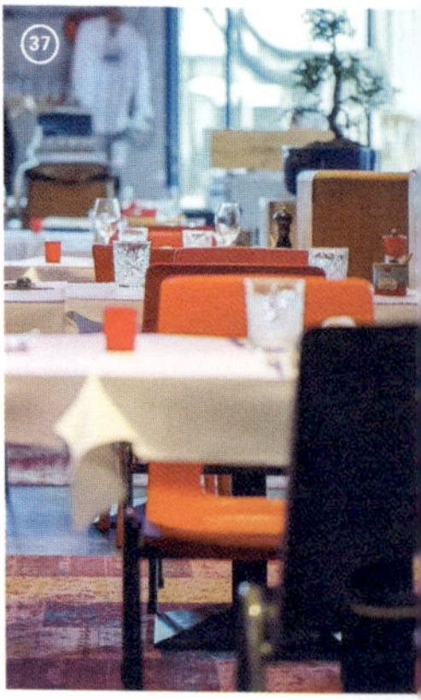
37

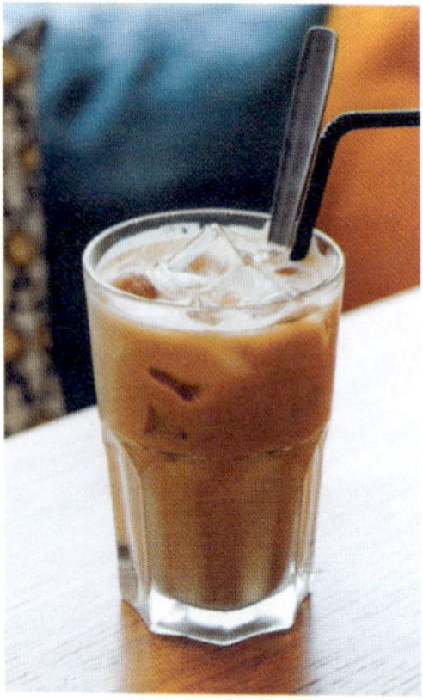

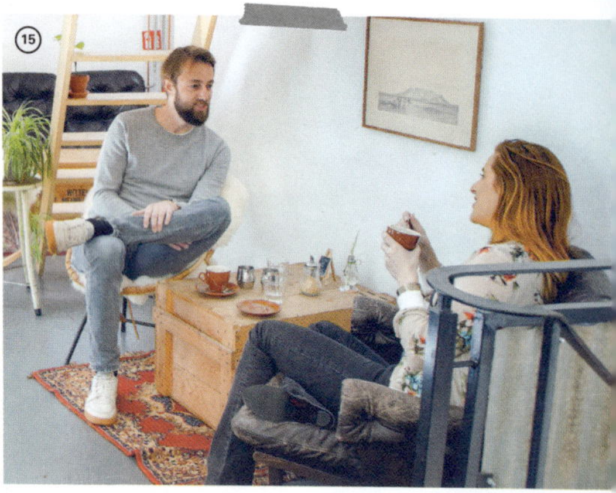
15

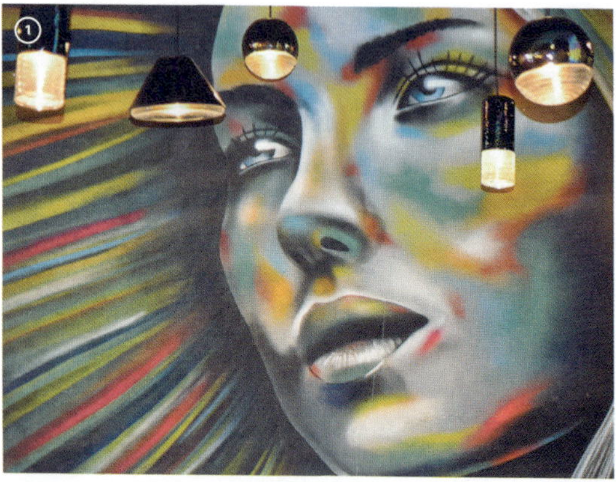
1

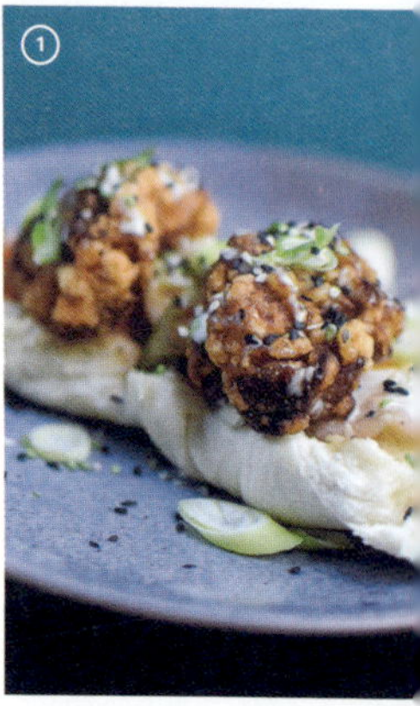
1

ROUTE 3 > AMERSFOORT

uit de koelkast en bestelt aan de balie. Geen fan van pittig eten? Geef dat dan aan. Zelfs Nederlands pittig is hier nog flink spicy.
arnhemsestraat 26a, www.streetfoodbar.nl, telefoon 0333030666, open di-wo & vr-za 11.30-20.00, do 11.30-21.00, zo 16.00-20.00, prijs € 9,50, bus 5, 6, 17, 82, 102 de kei

⑨ Ben je gek op wijn, maar zie je door de bomen het bos niet meer? In de rustgevende tuin van **Zuster Margaux** komt de sommelier vragen waar je zin in hebt en brengt je vervolgens een paar wijnen om te proeven (ze hebben geen wijnkaart). Kies je favoriet uit het wisselende assortiment en geniet. In de zomermaanden is er vaak livemuziek en ook voor een high wine kun je hier terecht. Zuster Margaux zit in het mooie oude klooster Mariënhof.
kleine haag 2, www.zustermargaux.nl, telefoon 0334632979, open do 17.00-22.00, vr 17.00-0.00, za 15.00-0.00, zo 15.00-22.00, prijs € 6,50, bus 5, 6, 8, 17, 82 hendrik van viandenstraat

⑬ **Kafé Van Zanten** is al jaren een begrip in Amersfoort en voor veel locals een tweede huiskamer. Bij goed weer is hun tuin het terras. Bier is *serious business* bij Van Zanten; samen met Jauk Hellevoort zitten ze achter Bierwinkel Hop, waardoor er op de kaart met regelmaat wat nieuws te vinden is. De bierkaart is ingedeeld als een landkaart met locaties waar het bier vandaan komt. Honger? Een deur verder kun je bij **Eetkamer Van Zanten** een hapje eten.
bloemendalsestraat 2, www.kafevanzanten.nl, telefoon 0334790592, open dagelijks 10.00-2.00, prijs € 2,50, bus 1, 2, 3, 4, 7, 76 stadhuis

⑭ In de Lavendelstraat vind je een stukje Zuid-Afrika in Amersfoort. **Tjommies** is Zulu-Afrikaanse straattaal voor maten of vrienden en dat staat ook symbool voor de Amersfoortse heren die de kroeg begonnen. Bij Tjommies zit je écht tussen de locals. In de zomer plof je neer op het terras, 's winters warm je op in de knusse zaak met spelletjes, vinyl of een boek. Iedere dag serveren ze een daghap.
lavendelstraat 13, www.tjommiesmusicbar.com, telefoon 0332026103, open di-wo 14.00-0.00, do 14.00-2.00, vr-za 13.00-4.00, zo 14.00-0.00, prijs daghap vanaf € 7,50, bus 1, 2, 3, 4, 7, 76 stadhuis

⑮ Als er iemand één brok koffieliefde is, is het Raymond van **Livingstone Coffee Bar**. Als barista had hij altijd de droom een eigen zaak te starten. Hij zocht ander-

ROUTE 3 > AMERSFOORT

half jaar naar een geschikt pand in Amersfoort, tot hij op dit schattige zaakje op de Groenmarkt stuitte. Geniet hier van een van zijn met liefde gezette bakkies.
groenmarkt 11, fb livingstone coffee, telefoon 0337850268, open di-za 9.30-17.30, zo 11.00-17.30, prijs filterkoffie vanaf € 3,10, bus 1, 2, 3, 4, 7, 76 stadhuis

(16) **Café Onder de Linde** bestaat al sinds 1793 en is daarmee de oudste kroeg van Amersfoort. Vroeger liep er een ondergrondse gang van het café naar de Sint-Joriskerk, zodat de kerkgangers na de mis meteen een biertje konden pakken. Nog steeds is het een goede plek voor bierliefhebbers, want er staan vele (lokale) speciaalbieren op de kaart.
appelmarkt 15, fb onderdelinde, telefoon 0334614203, open zo & di 12.00-0.00, wo 12.00-1.00, do 12.00-2.00, vr-za 10.00-4.00, prijs € 9, bus 1, 2, 3, 4, 7, 76 stadhuis

(18) Wil je de lekkerste friet van Nederland eten? Bestel dan het frietje stoofvlees bij **Vlaams friteshuis van Gogh**. Op de landelijke horecabeurs vielen ze met dit gerecht in de prijzen. De frieten worden vers gesneden en ze maken alleen gebruik van de beste aardappelen. De Amersfoortse kroket is ook een aanrader!
langestraat 143, www.vangoghfrites.nl, telefoon 0848357395, open vr-wo 12.00-20.00, do 12.00-21.00, prijs puntzak friet vanaf € 2,30, bus 5, 6, 8, 102 blekerseiland

(19) **Sla En Meer** voldoet aan alle eisen van de huidige foodtrends: biologisch, bewust en lokaal. Je kunt hier zelf je salade samenstellen, of suikervrij gebak eten.
kortegracht 6, www.slaenmeer.nl, telefoon 0334451500, open dagelijks 11.00-21.00, prijs € 8, bus 5, 6, 8, 17, 80, 82, 102 centrum

(27) Niet alleen **WestWing** is nieuw in Amersfoort, ook het concept is nieuw! In deze cocktailbar kom je namelijk niet zomaar binnen. De bar zit verstopt in restaurant **WestSingel** en alleen met een reservering ben je verzekerd van een plekje. Zitten je vrienden er al? Dan krijg je een speciale code om aan te sluiten. Liever alleen wat eten? Ga dan voor Aziatisch streetfood of een uitgebreid diner van twee tot zeven gangen.
westsingel 48, www.westwingcocktailbar.nl, telefoon 0332026622, open wo-zo 18.00-1.00, prijs tweegangendiner vanaf € 34,50, streetfood vanaf € 7,50, bus 1, 2, 3, 4, 7, 76 stadhuis

㉞ Wat heb je nodig voor een heerlijk ijsje? Wat **IJs vanVitelli** betreft is dat slechts boerenmelk uit eigen streek en een hoop fruit. Niet voor niks zijn de ijsjes die je in het voormalig pompstation kunt krijgen zo populair. Bij vanVitelli staat duurzaamheid daarnaast hoog in het vaandel én houden ze rekening met je als je een allergie hebt. Proef hier alternatieve smaken als vijg, rabarber en paarse zoete aardappel. Ook geschikt voor veganisten!

kwekersweg 7, www.ijsvanvitelli.nl, telefoon 0625097052, open wo-zo 12.00-21.00, prijs per bolletje € 1,30, bus 1, 2, 3, 4, 7, 76 brabantsestraat

㊱ Koen Overeem en Wiebe Groeneveld begonnen in 2014 met Rock City en bouwden daarmee een merk dat inmiddels landelijke bekendheid geniet. Je kunt nu ook zelf zien hoe de bieren worden gebrouwen in hun **Rock City Brewpub**. En natuurlijk kun je die ook proeven. Kies voor een vol glas van je favoriet of proef meerdere varianten in halfvolle glazen. Combineer je bier met de lekkerste barbecuegerechten.

mijnbouwweg 15, www.rockcitybrewpub.nl, telefoon 0332022230, open do 12.00-22.00, vr-za 12.00-23.00, zo 12.00-22.00, prijs hoofdgerecht € 16,50, bus 1 mijnbouwweg

33

JU*T FOR YOU

JUST FOR YOU

35

ROUTE 3 > AMERSFOORT

㊲ Als je houdt van simpel maar goed, dan is **RAUW** echt wat voor jou. 'Niet moeilijk doen' is het credo; verwacht dus geen eieren gemarineerd in stikstof, maar gewoon een klassieke carpaccio van goede kwaliteit. RAUW gaat zelf langs bij de veehouder en weet dus waar het vlees vandaan komt.
kaliumweg 8, www.restaurantrauw.nl, telefoon 0334619394, open ma-vr 12.00-21.30, za 17.00-21.30, prijs € 20,50, tweegangenlunch € 23,50, bus 1 mijnbouwweg

SHOPPEN

⑪ Of je nou op zoek bent naar iets tofs voor je huis, een leuk cadeau voor iemand anders of jezelf, of een nieuwe outfit, bij **Boetiek 033** slaag je sowieso. Ze verkopen onder andere kleding van People Tree en Miss Green en mooie papieren hebbedingen van Jurianne Matter. Ook hebben ze de schattigste babykleding en kraamcadeautjes.
zuidsingel 70, fb boetiek033, telefoon 0337521630, open di-za 10.00-17.30, laatste zo van de maand 13.00-17.00, bus 5, 6, 102 blekerseiland

㉔ Amersfoort is van oudsher een bierstad. De beste bieren voor thuis koop je bij **Bierwinkel HOP.** Jauk Hellevoort is de eigenaar van deze winkel en brouwt zelf ook zijn bieren. Hij slaat daarnaast regelmatig de handen ineen met bijvoorbeeld platenzaak Velvet Music, waar bieren worden gecombineerd met muziek.
achter het oude stadhuis 2, fb bierwinkelhop, telefoon 0622072678, open wo 12.00-18.00, do 12.00-21.00, vr 10.00-18.00, za 10.00-17.00, zo 13.00-17.00, bus 1, 2, 3, 4, 7, 76 stadhuis

㉕ **Velvet Music** is zo'n ouderwetse platenzaak waar je in de bakken met lp's kunt snuffelen. Al is de zaak niet alleen maar nostalgie, want popmuziek van nu is er ook te vinden, op vinyl en cd. Eigenaar Martijn en zijn kundige medewerkers geven je graag een persoonlijk luisteradvies.
havik 7a, www.velvetmusic.nl, telefoon 0334621065, open di-wo 11.00-18.00, do 11.00-21.00, vr 10.00-18.00, za 10.00-17.00, zo 12.00-17.00, bus 1, 2, 3, 4, 7, 76 stadhuis

㉟ Al heb je niks nodig, je loopt **VINT** niet uit zonder iets bijzonders. Of je nou zoekt naar uniek Record Store Day-vinyl, dieren op sterk water of attributen om een festival mee te decoreren, je vindt het hier. In deze vintagezaak kun je urenlang snuffelen tussen alle curiosa van de verschillende aanbieders; de zaak werkt namelijk met verschillende winkeltjes in de loods. Koffiepauze? Dan zorgt Bas in zijn kasrestaurant voor je.

nijverheidsweg-noord 74, www.vintamersfoort.nl, telefoon 0615852916, open wo-za 10.00-17.00, bus 1 halte mijnbouwweg

LEUK OM TE DOEN

㉑ Om de **Mooierstraat** te vinden moet je even van de gebaande paden af en dat doen de ondernemers die er zitten ook. **Blur Your Life** heeft duurzame cadeaus met allemaal een eigen verhaal, en allesbehalve een geitenwollensokken-imago. Duurzaamheid gaat verder bij **SMIR**, de winkel van de dames achter The Zero Waste Project. Hier is álles afvalvrij. SMIR staat dan ook voor *sustainable*, *minimalistic*, *inspirational* en *reusable*. Een heerlijke high tea of versgeperste sapjes krijg je bij **Brood & Zoets** en voor een hartige lunch (met een borrel) kun je terecht bij **Lunch & Borrel**.

mooierstraat, bus 5, 6, 8, 17, 80, 82, 102 centrum

㉒ Stap in een smalle boot van **Waterlijn Amersfoort** en leer de stad vanaf het water kennen. De muurhuizen zijn vanaf de smalle grachtjes prachtig te bekijken. Een rondvaart duurt 45 minuten.

krommestraat 5, www.amersfoort-rondvaarten.nl, telefoon 0334654636, open apr di-zo 13.00-16.00, mei-okt ma 14.00-16.30, di-zo 11.00-16.30, prijs rondvaart € 5, bus 1, 2, 3, 4, 7, 76 stadhuis

㉓ Ze noemen de **Krommestraat** ook wel het leukste straatje van Amersfoort, en niet onterecht. Je kunt er niet alleen terecht voor heerlijk eten – chic bij **Sloop**, **Blok's** of de **Viszaeck** en casual bij **Madonna** of **Corazon** – maar ook voor je nieuwe outfit. **Las Lunas** stijlt je bohemian, **Roots** *contemporary* en bij **The Little Shop of Colors** kom je rockabilly naar buiten. Als je de tijd hebt is het echt de moeite waard om elke boetiek en horecagelegenheid in deze straat te checken.

krommestraat, www.krommestraat.nl, bus 1, 2, 3, 4, 7, 76 stadhuis

Urban creative

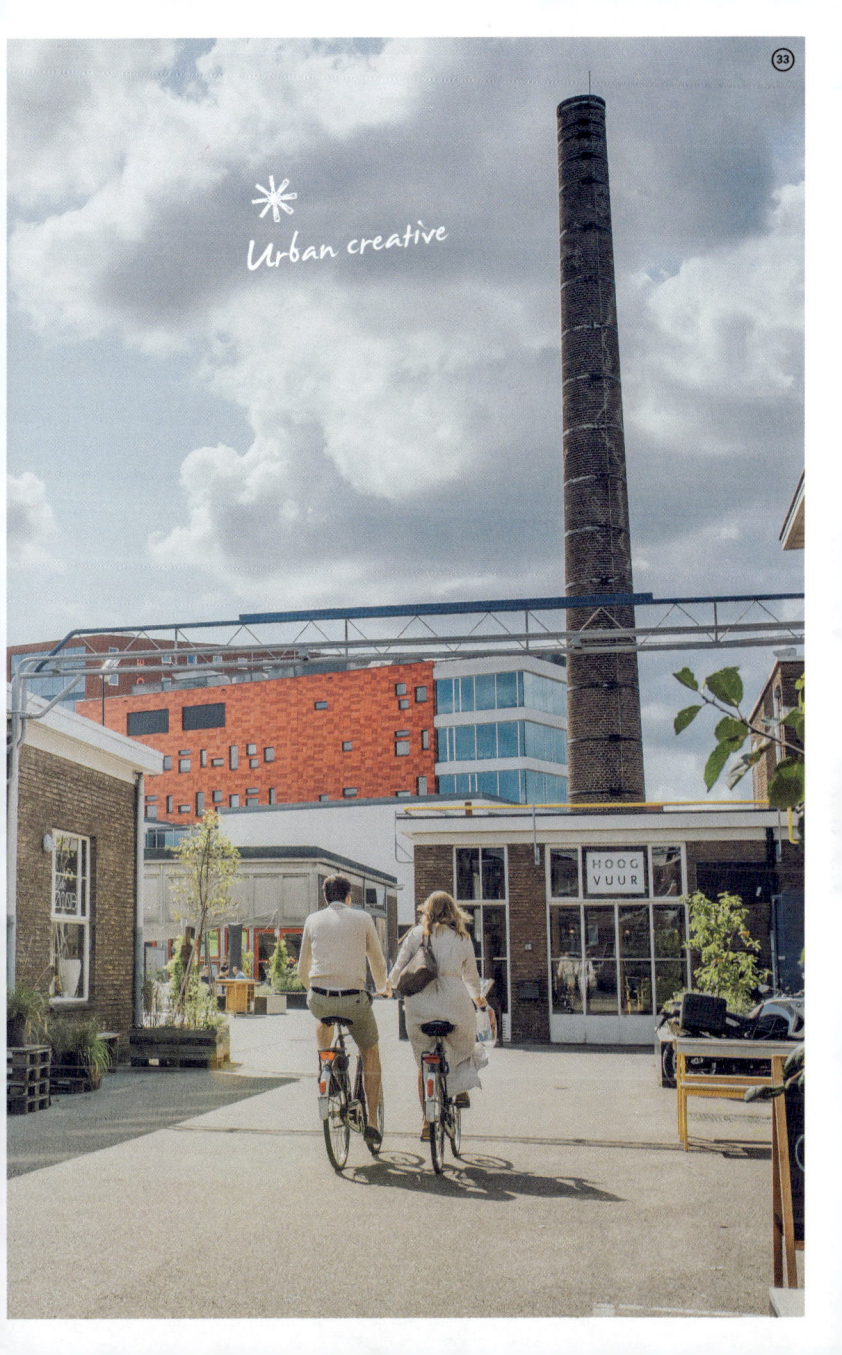

33

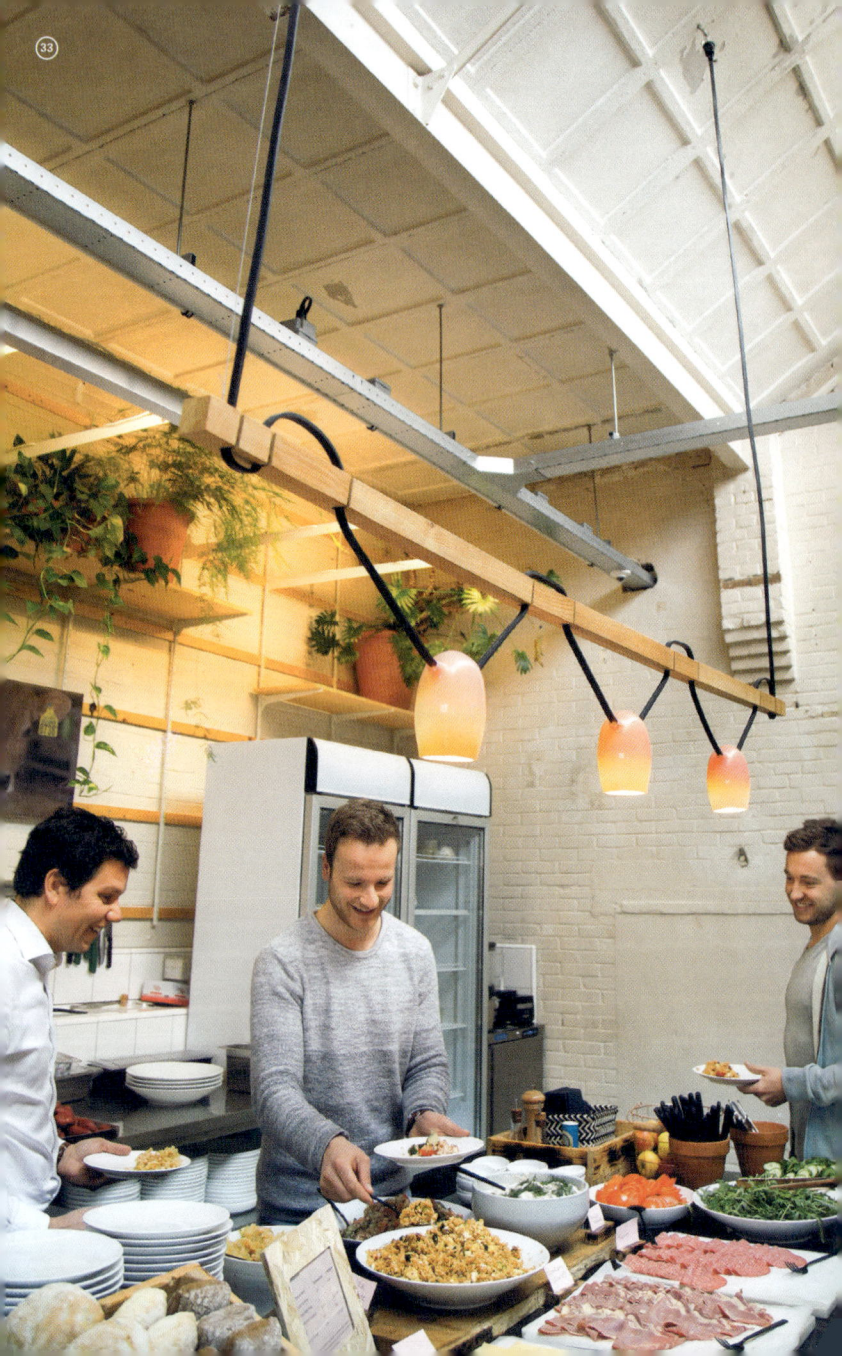

ROUTE 3 > AMERSFOORT

㉘ Bij binnenkomst glimmen de koperen brouwketels je al tegemoet. Dit is onmiskenbaar een bierbrouwerij, en wel van Amersfoorts bier. **Stadsbrouwerij De Drie Ringen** bestaat sinds 1989 en heeft daarmee de Amersfoortse bierbrouwtraditie van weleer teruggebracht in de stad. Je kunt er binnenstappen voor een biertje aan de bar, maar ook deelnemen aan een rondleiding of bierproeverij.
kleine spui 18, www.dedrieringen.nl, telefoon 0334656575, open wo-do 14.00-19.30, vr-zo 13.00-19.30, mei-okt ook di 14.00-19.30, prijs rondleiding € 12,50 (bij minimaal 10 personen), bus 1, 2, 3, 4, 7, 76 stadhuis

㉚ Een unieke pop-up broedplaats heeft zich gevestigd op een bijzondere locatie: het pand naast de Koppelpoort. Creatief en cultureel Amersfoort komt samen in de **Volmolen** om muziek te maken, festivals te organiseren en films te kijken. Een aantal Molenaars – zoals de residenten worden genoemd – heeft een vaste plek. Iedere zaterdagmiddag tussen twaalf en vijf kun je een kijkje nemen in dit pand en vaak zijn er toffe evenementen.
plantsoen noord 2, www.volmolen-amersfoort.nl, open za 12.00-17.00, entree gratis, bus 1, 2, 3, 4, 7, 76 stadhuis

㉜ Tussen de gebouwen en pleinen is daar opeens stadsstrand **Zandfoort aan de Eem**. Hoewel 'zandterras' misschien een betere term is, want het water van de Eem is dan wel te zien, er ligt toch echt een straat tussen. De strandstoelen, het beachvolleybalveld en de barbecues zorgen voor een lekker vakantiegevoel. Door de binnenruimte is Zandfoort het hele jaar open.
eemlaan 100, www.zandfoort.nl, telefoon 0334481951, open half apr-half okt di-zo vanaf 11.00, half okt-half apr wo-do vanaf 17.00, vr-zo vanaf 11.00, prijs lunch € 6,50, bus 1, 2, 3, 4, 7, 76 eemplein

㉝ **De Nieuwe Stad** is waar Amersfoort onderneemt. In de oude tandpastafabriek vind je creatieve ondernemers, ateliers, galeries, maar ook een schoonheidssalon, advocaten en een makelaar, naast bijzondere horeca zoals **Hoog Vuur**, **Kroast** en **Het Lokaal**. Op het terrein zijn vaak evenementen en je moet ook langs bij een van de concerten of feestjes in poppodium **FLUOR**. Dit deel van Amersfoort is ook écht een nieuwe stad, het bruist er minstens net zoals in de oude binnenstad.
oliemolenhof, www.denieuwestad.nl, telefoon 0332037003, verschillende openingstijden, bus 1, 2, 3, 4, 7, 76 eemplein

73

ALMERE

JONG & VERRASSEND

CITY HIGHLIGHTS
GROTE MARKT EN BELFORTPLEIN + DE NIEUWE BIBLIOTHEEK + PIT + ALMERE BUITEN + STADSSCHOUWBURG

DE STAD

Heb je het over de jongste stad van Nederland, dan heb je het over Almere. En ondanks haar jonge bestaan is Almere al een van de grootste steden van Nederland. Een letterlijke en figuurlijke prestatie van formaat!

Almere is helemaal vanaf papier ontstaan, waardoor aan alles is gedacht. Zo heeft Almere een gescheiden infrastructuur voor fiets, auto en bus. En vanwege het grote en gevarieerde vaargebied is Almere ook per boot goed te verkennen.

Almere is in 1976 gestart door een paar pioniers. De ambitie was om de vijfde stad van Nederland te worden, en de stad is al aardig op weg. Alles begon in Almere Haven, dat het eerste stadsdeel was. Ruim veertig jaar later zijn er nu vijf stadsdelen, elk met zijn eigen sfeer en identiteit. Zo is **Almere Buiten** vooral erg groen: je vindt hier de **Oostvaardersplassen**. **Almere Hout** doet heel landelijk aan, hier vind je bijzondere nieuwbouwprojecten, maar ook een heus stadslandgoed en vele bossen. **Almere Haven** en Poort liggen beide aan een haven, maar verder zijn ze volstrekt anders. De sfeer in Haven is gastvrij, hier wonen vooral de pioniers van Almere. **Almere Poort** heeft juist veel bewoners uit andere steden naar zich toegetrokken en doet dan ook stedelijker aan. In **Almere Stad** vind je het moderne centrum vol met architectonische schatten. Grote winkelketens wisselen zich hier af met kleinere lokale ondernemers.

Almere is niet alleen zelf qua opzet heel divers, de bewoners zijn dat ook. Almere herbergt maar liefst 160 verschillende nationaliteiten!

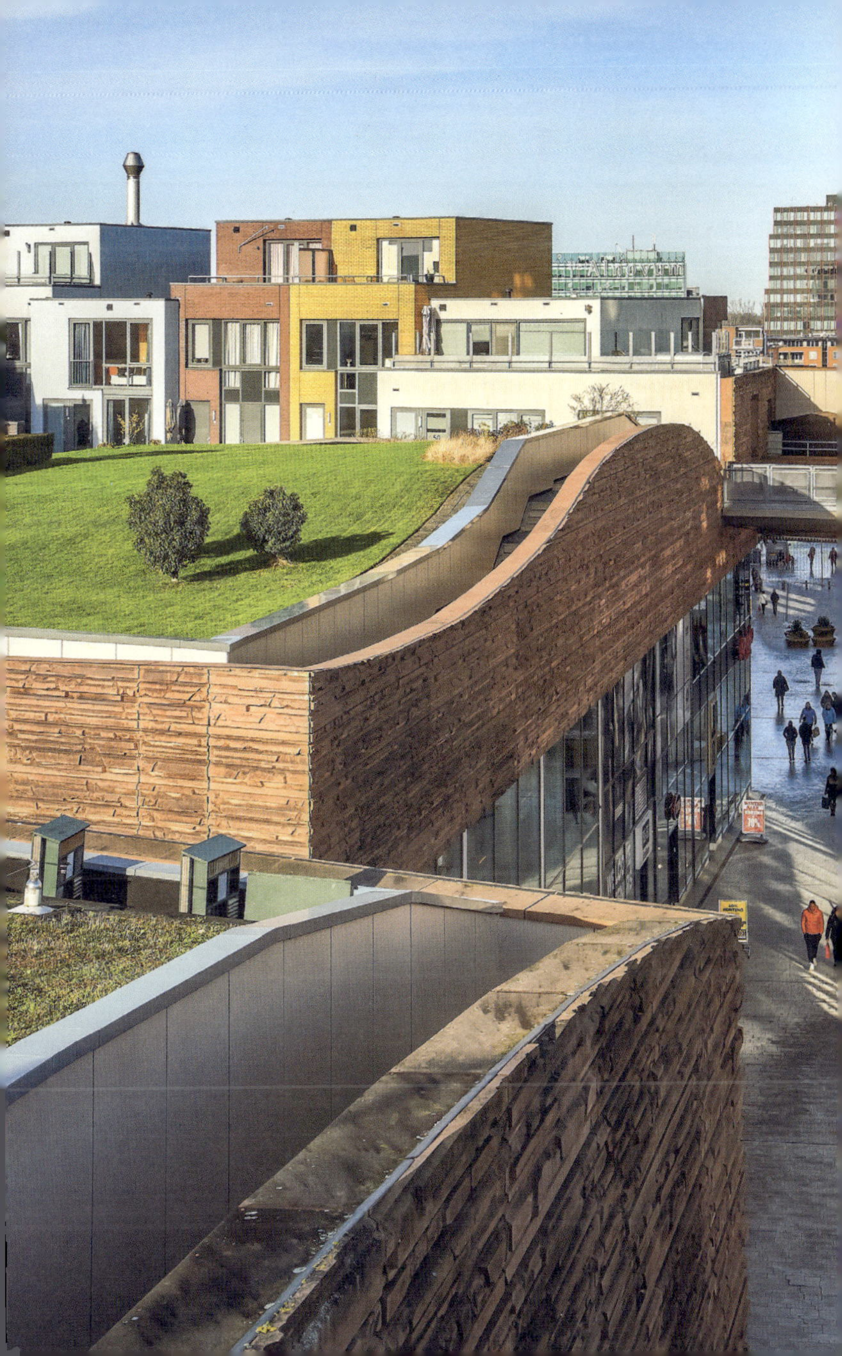

ROUTE 4

ALMERE STAD EN HAVEN

OVER DE ROUTE

Deze route brengt je langs het oudste en het nieuwste stukje Almere. Je start in het moderne centrum van de stad en ziet hier naast allerlei leuke winkels ook prachtige gebouwen. De route brengt je ook langs de acht pleinen van Almere Centrum, elk met een eigen sfeer. Je loopt er langs het Weerwater, dat zo heet omdat het ooit water was, is drooggelegd en nu weer water is. 'Rondje Weerwater' is een begrip in Almere, vooral bij hardlopers en fietsers. Je krijgt een mooi beeld van de skyline wanneer je naar de andere kant wandelt. Je route kun je vervolgen met de bus om zo Almere Haven te ontdekken en hier heerlijk uit eten te gaan. Je zou de route ook in omgekeerde volgorde kunnen lopen, om dan te eindigen in het bruisende uitgaansleven op de Grote Markt.

DE WIJKEN

In **Almere Stad Centrum** zie je moderne gebouwen en gezellige pleinen aan het **Weerwater**. Hier vind je veel winkels, gezellige cafés en goede restaurants. Ook zit hier de **schouwburg**, in een prachtig gebouw. Het centrum is al sinds het ontstaan van de stad in beweging en heeft al veel veranderingen ondergaan. Ook nu is het centrum nog niet klaar en staat er nog een aantal plannen in de steigers.

Almere Haven is het eerste stadsdeel; hier is Almere ontstaan. Het heeft een leuk strandje met aangrenzend een surfstrandje. De gezellige havenkom met veel restaurants is ook het bezoeken waard. Hier bevinden zich ook de twee Michelin-restaurants van Almere, Bakboord en Bij Brons. Elk jaar wordt er ook groots uitgepakt tijdens het **Havenfestival**, waar muziek, cultuur, gezelligheid, brocante, eten en drinken samen komen.

Er staan nog heel wat dingen te gebeuren in Almere. Floriade komt eraan, en er is nog een heus kasteel waar een bestemmingsplan voor moet komen. Almere is heel snel heel hard gegroeid. Almere staat wereldwijd bekend als architectuur-

ROUTE 4 > ALMERE

stad. Er komen dan ook vele architecten en architectuurstudenten van over de hele wereld naar Almere om de stad te bekijken. Het mooie van Almere is dat het drukke stadsleven gemakkelijk te combineren is met het buitenleven. Zo zijn er tal van bossen en parken en veel strandjes.

WEINIG TIJD? DIT ZIJN DE HOOGTEPUNTEN:
DE PIER + WALK OF FAME + CORROSIA + DE CITADEL + DE MEESTER

TIPS
// Trek een hele dag uit voor deze route
// Zeker doen als je van moderne architectuur houdt
// Neem de bus naar Almere Haven

Modern architecture

Relax ;-)

0
250 m
Almere Centrum
START
ALMERE CENTRUM
STEDEN-WIJK
Weerwater
Gooimeer
Lumière
Stadhuis Almere
PIT Veiligheids-museum
FINISH
busstation 't Oor
WADDENDREEF
DOKKUMLAAN
GRAAFPAD
SPOORDREEF
SCHOUTSTRAAT
MANDELASTRAAT
J. ALGERA
PJ. OUDWEG
LANDDROSTDREEF
REGISSEURSTRAAT
STATIONSSTRAAT
BANKIERBAAN
GROTE MARKT
KORTE PROMENADE
STADHUIS-PLEIN
BODESTRAAT
SCHUTTERSTR.
BELFORT
DE DIAGONAAL
DONJON
HOSPITAALDREEF
FORUM
WANDELLAAN
BLEKERSTRAAT
BROUWERSTRAAT
TRAVERSE
ESPLANADE
DE PIER
OLSTGRACHT
DEVENTERPAD
HENGELOSTRAAT
RANDSTAD 20
SPOORBAANPAD
STADSWETERINGPAD
ODEONPAD
ODEONSTRAAT
CINEMADREEF
CHARLIE CHAPLINWEG
BUSTER KEATONSTR
BEN TURPINPAD
COMEDY CAPERSTR
DANNY KAYESTRAAT
GRACE KELLYSTRAAT
MARILYN MONROEPAD
INGRID BERGMAN
JAMES STEWARTSTRAAT
MEERESTEINKADE
FONGERSPAD
TUSCHINSKYPAD
CELLULOIDPAD
DIAFRAGMAPAD
TER APELPAD
IJLSTPAD
VEENDAMSTRAAT
HARLINGENSINGEL
SMILDESTRAAT
STEENWIJKSTRAAT
COEVORDENSINGEL
DELFZIJLSINGEL
MEPPELSINGEL
TJAIKOWSKYPAD
AMSTERDAMWEG
VERSUMPAD
RAALTEPAD
ENSCHEDEPAD
URKWAL
NIJMEGENWEG
HENGELOSTRAAT
OEVERPROMENADE
VENLOWEG
FONTANAPAD
BERGSMAPAD
STURMEYPAD
ARCHERPAD
NOORDERDREEF
KESSLERPAD
KIMWIERDE
GOOIMEERDIJK-WEST

LEGENDA

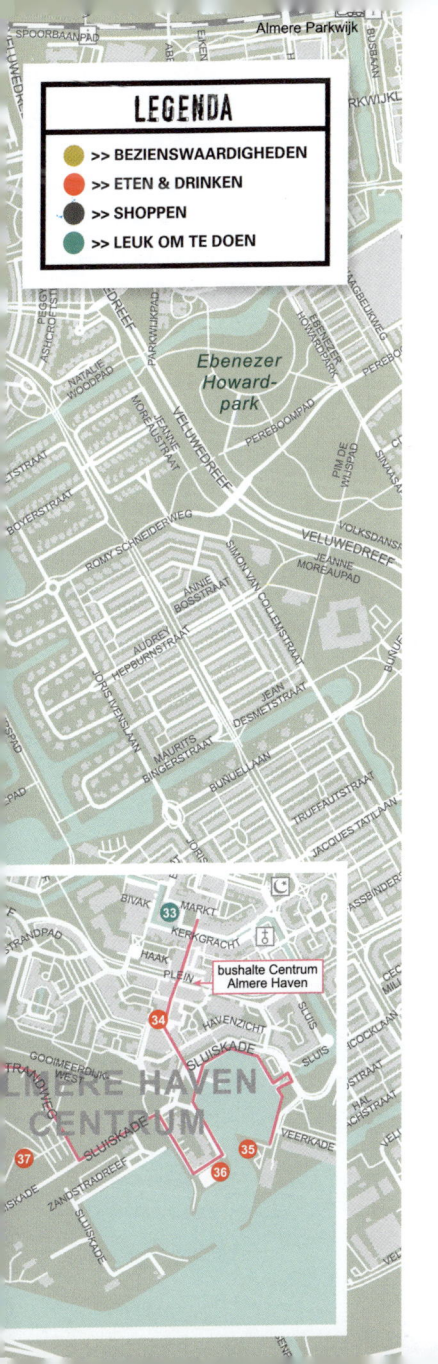

- 🟡 >> BEZIENSWAARDIGHEDEN
- 🔴 >> ETEN & DRINKEN
- ⚫ >> SHOPPEN
- 🟢 >> LEUK OM TE DOEN

ALMERE

1. Piepers
2. Walk of Fame
3. Reclaimed Jewels
4. Café op 2
5. de nieuwe bibliotheek
6. Mockamore
7. Nul36
8. Anno
9. De Meester
10. FINN
11. Rosita's
12. Brasserie de Bergerrie
13. The Black Cockatoo
14. Ladonna
15. Dekker Winkler
16. De Citadel
17. Kaky
18. IJspressi
19. Het Beeldverhaal
20. Madame Jeanette
21. Bij Drewes
22. Ma Bella Cakery
23. KAF
24. Bierfabriek
25. De Pier
26. PIT
27. RUAN Creatief
28. The Coffee Cat
29. Barbier Rogier
30. Zeemeermin
31. De Fantasie
32. VIEW
33. Corrosia
34. IJssalon Mariola
35. Brasserie Bakboord
36. 't Indisch Veerhuys
37. De Jutter
38. Surfstrand Almere Haven

ROUTE 4 > ALMERE

ROUTEBESCHRIJVING 4 (ca. 8 km)

Start op het Stationsplein. 's Middags kun je hier een frietje halen ❶. Hier vind je ook de eerste tegel van de Walk of Fame ❷. Loop rechtdoor de winkelstraat in. Op de muren zie je streetart van Almeerse 'beroemdheden'. Aan het eind van deze straat kun je bijzondere sieraden scoren ❸. Als je de weg vervolgt kom je op het Stadhuisplein. Ga meteen links voor een kunstzinnig café ❹. Aan de overkant zie je het imposante gebouw van de nieuwe bibliotheek ❺. Onder de bibliotheek haal je lekkere koffie ❻. Steek nu diagonaal het Stadhuisplein over en steek de busbaan over. Je loopt naar de Grote Markt voor de lunch ❼ ❽. Loop rechtdoor en ga de eerste links voor goede muziek en optredens ❾. Terug op de Grote Markt ga je de Koopmanstraat in om lekker te eten ❿ ⓫. Of kies op de Grote Markt voor het beste restaurant van het centrum ⓬. Vervolg je weg naar de winkelstraat en loop tot je de Dreef passeert. Hier kun je heerlijk vegetarisch lunchen ⓭. Ga linksaf en loop via De Passage door het oude overdekte centrum, met winkeltjes en supermarktjes van alle uithoeken van de wereld. Scoor hier een mooi spiritueel souvenir ⓮ en koop lekkere koekjes ⓯. Ga aan het eind van de straat het trapje op en loop links langs het kleurrijke gebouw. Loop verder naar het Forum. Boven zie je de oranje muren van De Citadel ⓰ al. Houd rechts aan, naar De Diagonaal. Loop langs De Citadel en scoor wat leuke accessoires voor thuis ⓱. Loop via de Schutterstraat richting de grote trap. Rechts daarvan kun je een leuk stripboek kopen of koffie en ijs halen ⓲ ⓳. Boven aan de trap vind je veel restaurants ⓴. Verlaat het plein via de andere kant, waar je koffie en thee drinkt of taart eet ㉑ ㉒. Rechts aan het water zie je het gebouw van KAF al ㉓. Loop hier naar toe. Aan de overkant drink je een lekker biertje ㉔. Loop achter het gebouw langs en geniet van het uitzicht ㉕. Aan de andere kant van De Pier zie je het veiligheidsmuseum ㉖. Hierachter vind je een creatieve winkel en koffie en katten ㉗ ㉘. Ga het bruggetje over voor een barbier en streetart ㉙ ㉚. Loop langs het Weerwater. Heerlijk uitgewaaid kun je nog wat architectuur snuiven ㉛ en genieten van de skyline en uitzicht op watersporters ㉜. Achter het strand ligt het busstation. Daar kun je bus M1 nemen naar Almere Haven en uitstappen bij halte Centrum Almere Haven. Vervolg de route bij Corrossia ㉝. Loop de Marktstraat in voor een ijsje ㉞. Loop naar de havenkom om te dineren ㉟ ㊱. Vervolg je route langs de Sluiskade, waar je een leuke brasserie ziet ㊲. Op het volgende strand kun je lekker (leren) surfen ㊳.

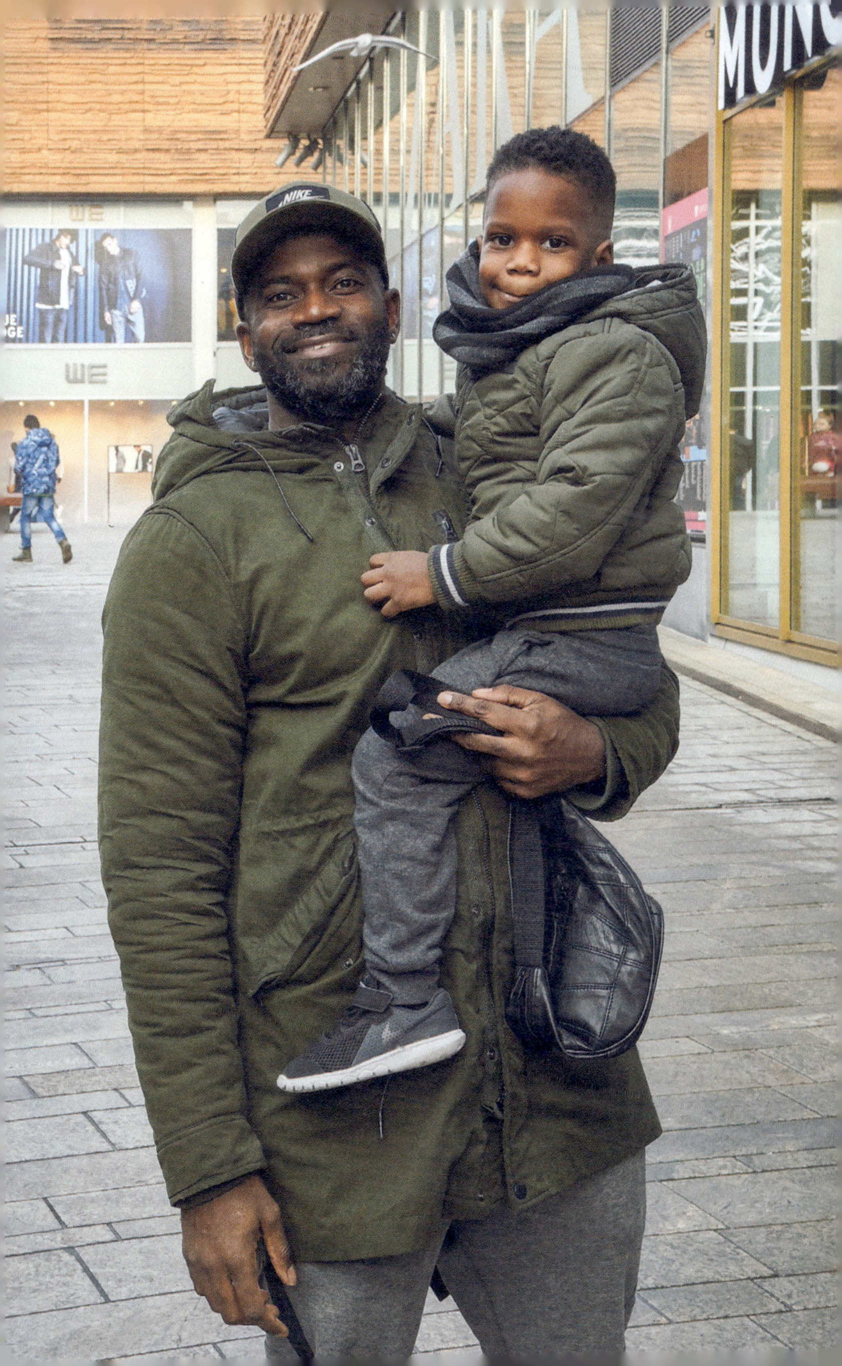
NIKE
WE
WE

ROUTE 4 > ALMERE

BEZIENSWAARDIGHEDEN

② Vanaf het stationsplein start de **Walk of Fame** en deze gaat het hele centrum door. Op de grond liggen tegels die een stukje geschiedenis of een belangrijke gebeurtenis van Almere vertellen. Sinds de start van Almere in 1974 is er ieder jaar een nieuwe tegel gelegd. Tot 2041 komt er elk jaar nog een tegel bij.
stationsplein, bus m1 centraal station

⑯ Bij De **Citadel** kun je mooi zien dat de stad is opgebouwd uit drie lagen. Boven wonen, daaronder de winkels en onder het centrum de parkeergarages. De Citadel is een architectonisch hoogstandje en moet een soort stadskasteel voorstellen dat door de nieuwe binnenstad overal te zien is. Grappig detail is dat alle prullenbakken in de stad geleegd worden middels een ingenieus zuigsysteem. Al dat afval komt uit in een gebouw aan de rand van de stad.
citadel, bus m1 stadhuisplein

㉕ Vanaf **De Pier** – een steiger met uitzicht – kun je over het Weerwater kijken, en zie je alle kabels waaraan in de zomer volop wordt gewaterskied. Ook zie je aan de overkant het Floriadeterrein, dat op afspraak te bezoeken is. Achter je liggen de vele gebouwen die de skyline van Almere vormen.
de pier, bus m1 passage

㉚ Aan het eind van het Deventerpad vind je dit twaalf meter hoge kunstwerk van de oorspronkelijk uit Iran afkomstige kunstenaar Bozorg Khazraie. De muurschildering heet, heel toepasselijk, de **Zeemeermin**. Hij veranderde deze saaie muur in een waar sprookje met een oosterse tint.
deventerpad 1, bus m1 passage

㉛ Begin jaren 80 was **De Fantasie** onderdeel van een project om zonder fundering of de gebruikelijke bouwvoorschriften een huis te bouwen, met als thema 'ongewoon wonen'. Deze experimentele huizen zouden in eerste instantie voor een korte periode blijven staan. Nu is het een architectonische trekpleister en komen er uit binnen- en buitenland bezoekers naar dit kleine wijkje.
de fantasie, bus m1 stedenwijk midden

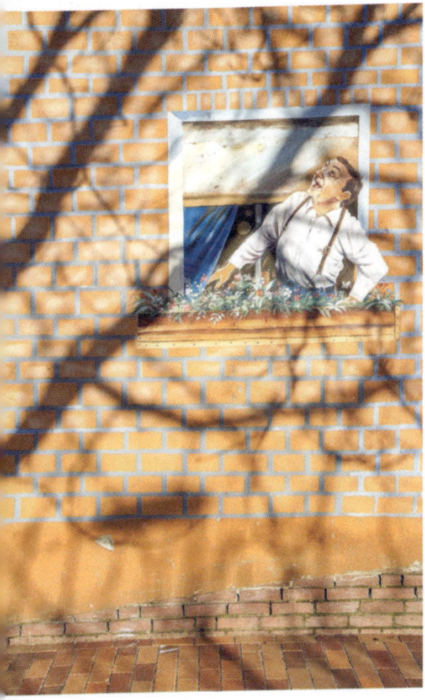

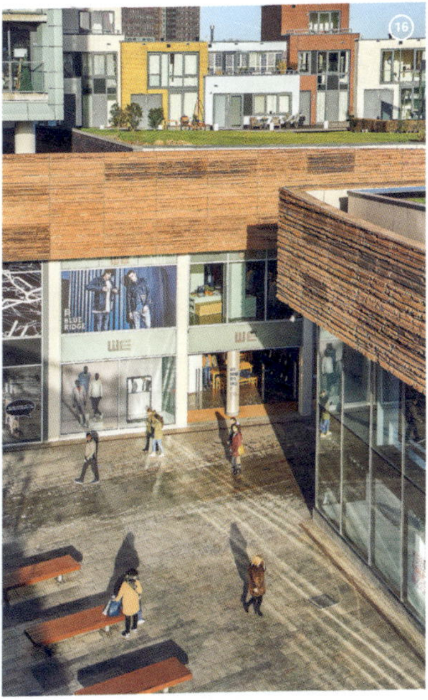
16

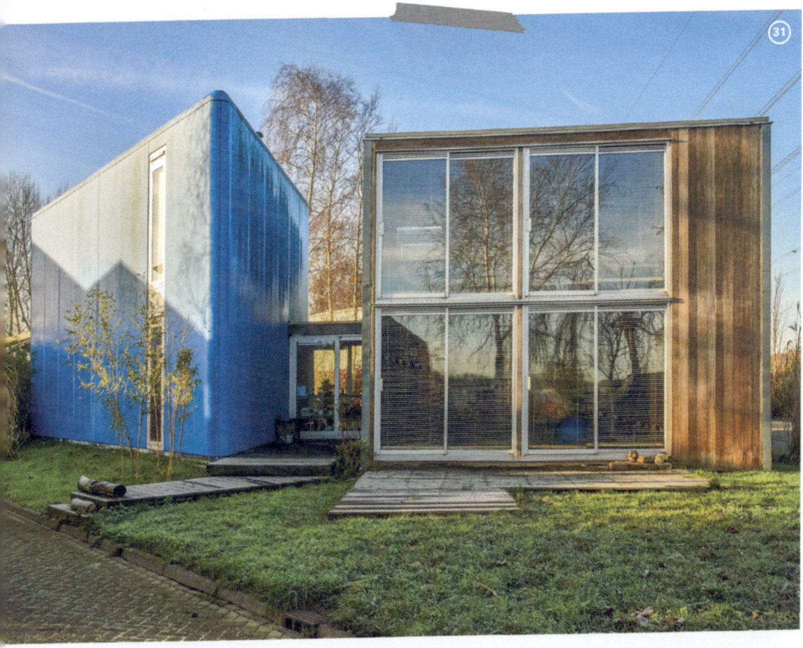
31

ETEN EN DRINKEN

① **Piepers** kenmerkt zich door friet te maken van aardappels uit de omgeving. De verste friet zó van het land in jouw puntzak. In de zomer kun je heerlijk naar de fonteinen kijken op het Stationsplein en daar jouw friet opeten.
stationsplein 47, www.piepersfrituur.nl, telefoon 0362022639, open ma 12.00-19.00, di-wo & vr-za 11.30-19.00, zo 12.00-18.00, prijs € 3, bus m1 centraal station

④ Op de hoek van het Stadhuisplein ligt **Café op 2**, een leuk, kunstzinnig muziekcafé. Het heeft een terras en binnengedeelte waar regelmatig live wordt opgetreden. In de avonden zijn er verschillende thema's zoals; pubquizzen, jamsessies, reggaeavonden, klaverjas- en damavonden. Vrijdag en zaterdag zijn er middagborrels. Het café ligt tegenover het stadhuis en regelmatig komt de Almeerse gemeenteraad hier een drankje doen.
stadhuisplein 2, www.cafeop2.nl, telefoon 0367441040, open ma-do 11.00-0.00, vr-za 11.00-2.00, zo 14.00-23.00, prijs € 12, bus m1 stadhuisplein

ROUTE 4 > ALMERE

⑥ Lekkere koffie, taartjes en macarons, dat is in een adem **Mockamore**. Je kunt hier heerlijk zitten om jezelf te (laten) verwennen. Ook leuk: plaats van tevoren een bestelling, haal deze op en ga er lekker mee aan het water picknicken.
de diagonaal 3, www.mockamore.nl, telefoon 0365300289, open zo-ma 11.00-17.30, di-wo & vr-za 9.30-17.30, do 9.30-21.00, prijs koffiespecial € 3,85, bus m1 stadhuisplein

⑦ Deze tent is vernoemd naar het netnummer van de stad, Almeerser kan niet. **Nul36** heeft een leuke, huiselijke en stijlvolle inrichting. Met een afwisselende kaart voor de lunch of om wat te drinken. De borrelkaart is zeker het proberen waard, met onder andere goede brood-, vis-, vlees- en kaasplankjes. De frituurhapjes zijn ook leuk ter afwisseling.
grote markt 181-183, fb nul36, telefoon 0367370601, open zo-do 10.00-23.00, vr-za 10.00-1.00, prijs zalm van de grillplank of ravioli € 12, bus m1 stadhuisplein

⑧ Dé plek om in de weekenden te stappen is **Anno**. Op zaterdagen zijn er vaak zwoele feesten en op vrijdagen draaien ze lekkere clubmuziek. Naast uitgaansgelegenheid is Anno ook restaurant en hotel. In het weekend worden de tafels en stoelen van de dansvloer gehaald om er de volgende ochtend gewoon weer als grand café uit te zien. Dit alles is gevestigd in een mooi pand met jarenvijftig-uitstraling.
grote markt 121, www.annoalmere.nl, telefoon 0365488344, open zo-wo 7.00-0.00, do 7.00-1.00, vr-za 7.00-4.00, prijs € 17, bus m1 stadhuisplein

⑩ Aan de rand van het centrum ligt restaurant **FINN**. Het pluspunt van dit restaurant is dat je hier vanaf 7.00 uur kunt komen ontbijten aan het ontbijtbuffet, waar je bij de meeste eetgelegenheden toch moet wachten tot een uur of 10.00. Doordat boven het restaurant ook een hotel is, is dit makkelijk te combineren. De rest van de dag worden hier bijzondere streetfood, houtskoolgrillgerechten en cocktails geserveerd. FINN laat zich inspireren door de wereldkeuken. 's Zomers wordt er op het terras op een *big green egg* gokookt.
koopmanstraat 3, www.finnrestaurant.nl, telefoon 0365395941, open ma-do 7.00-23.00, vr 7.00-0.00, za-zo 8.00-0.00, prijs hapje € 5, bus m1 stadhuisplein

⑪ Mexicaans eten, sangria en salsa; zodra je **Rosita's** binnenstapt waan je je in Mexico. Het heeft een cocktailbar, veel kleur en allemaal verschillende lampen en

ROUTE 4 > ALMERE

meubels. Eens in de maand is het restaurant tot in de vroege uurtjes geopend en worden er cocktails geschonken en Zuid-Amerikaanse muziek gedraaid.
koopmanstraat 5, www.rositas.nl, telefoon 0368412336, open dagelijks 17.00-0.00, prijs € 16, bus m1 stadhuisplein

(12) **Brasserie de Bergerrie** is al een aantal keer uitgeroepen tot het beste restaurant van Almere Centrum, en het is wel duidelijk waarom. Het eten is heerlijk en de sfeer is goed. De specialiteit is de gerookte ham: uit eigen rokerij.
grote markt 42-44, www.de-bergerrie.nl, telefoon 0365338025, open di-zo 12.00-0.00 (aanschuiven tot 22.00), prijs € 25, bus m1 stadhuisplein

(13) Het eerste vegetarische en vegan lunchcafé van Almere Centrum heet **The Black Cockatoo.** Voor de inrichting heeft eigenaresse Kimberley zich laten inspireren door café's in de *laneways* van Melbourne. Typische kenmerken zijn de natuurlijke materialen, vintage meubels, botanische elementen en het vele groen in het interieur. Op de kaart staan duurzame gerechten, smoothies en snacks die worden gemaakt van kwalitatieve streekproducten.
bottelaarpassage 89, www.theblackcockatoo.nl, telefoon 0365247363, open vr-wo 10.00-17.00, do 10:00-20:00, prijs gerechten € 5, bus m1 passage

(18) Een gecertificeerd barista en een ijsmaker hebben de handen ineen geslagen en zijn samen **IJspressi** gestart. Als je de winkel binnenkomt, zie je links een ijsbar en achterin een koffiebar. Het ijs wordt iedere dag vers bereid en de koffie wordt gemaakt van bonen waarvan bekend is van welke plantages ze komen.
schutterstraat 44, www.ijspressi.nl, open ma-wo & vr-zo 10.00-18.00, do 10.00-21.00, prijs € 3, bus m1 stadhuisplein

(20) Op het menu van **Madame Jeanette** staan typische Surinaamse gerechten zoals roti, saotosoep en nasi, maar ook invloeden van andere Zuid-Amerikaanse landen zijn vertegenwoordigd. Er staan alleen milde gerechten op de kaart. Maar met de Madame Jeanette-sambal op tafel kun je het zo pittig maken als je zelf wilt. De cocktails nemen je mee naar zwoele Zuid-Amerikaanse sferen en na het eten kun je zelfs een dansje wagen.
belfort 5-7, www.restaurantmadamejeanette.nl, telefoon 0368201200, open ma 17.00-21.00, di-zo 12.00-21.00, prijs € 16, bus m1 stadhuisplein

LET'S FAKE YOUR BIRTHDAY AND TREAT YOURSELF

#mockamore

㉒ De lekkerste cupcakes en taartjes van Almere vind je bij **Ma Bella Cakery**. In het knus aangeklede zaakje kun je bijkomen van het shoppen met een kop thee of koffie en huisgemaakt gebak. De high tea is een aanrader!
citadel 19, www.mabellacakery.nl, telefoon 0365260366, open ma 12.00-18.00, di-za 10.00-18.00, zo 12.00-17.00, prijs friendship high tea € 21, bus m1 stadhuisplein

㉔ Voor een avond vol gezelligheid ga je naar **Bierfabriek**. Naast restaurant, uitgaansgelegenheid en bar is Bierfabriek namelijk ook bierbrouwerij. Je vindt er taptafels waar je zelf je glazen kunt vullen. Het menu bestaat uit verschillende gerechten met als grote trots de boerderijkip van de houtskoolbarbecue, die met de handen gegeten mag worden. Lekker kluiven dus! Het leukst is dat er een overvloed aan doppinda's ligt en de schillen na het doppen op de grond gegooid mogen worden. Zo loop je hoe later het wordt door steeds meer pindadoppen.
koetsierbaan 2, www.bierfabriek.com/almere, telefoon 0367820500, open ma-do 16.00-0.00, vr 16.00-2.00, za 15.00-2.00, zo 15.00-23.00, prijs boerderijkippetje € 13,50, bus m1 passage

ROUTE 4 > ALMERE

㉘ Een kop koffie is altijd goed en als je naast koffie ook nog gek bent op katten dan zit je bij **The Coffee Cat** goed. Zoals de naam al zegt: koffie en katten, een trend overgewaaid uit Japan. De katten, ongeveer tien stuks, lopen hier vrij rond, en dat is ook niet gek want zij wonen hier. Elk hebben ze een eigen verhaal waar de eigenaresse graag over vertelt. Heel gezellig, maar je moet het niet erg vinden dat wanneer jij luncht er zomaar een kat over jouw tafeltje loopt of kopjes tegen je been geeft.
brouwerstraat 36, www.thecoffeecat.nl, telefoon 0367370256, open di-za 10.00-18.00, zo 11:00-18:00, prijs koffie € 3, bus m1 passage

㉜ **VIEW** is gelegen aan het Weerwater en heeft een schitterend uitzicht op de waterskibaan en skyline van Almere. Het interieur is strak, maar sfeervol. Met goed weer kun je terecht op het mooie terras. De menukaart biedt een ruime keuze aan mooi opgemaakte gerechten. Ook kun je hier benodigdheden huren om te wakeboarden, suppen en waterskieën. Naast VIEW is er een strandje waar in de zomer veel gevolleybald en gevoetbald wordt.
bergsmapad 1, www.viewalmere.nl, telefoon 0365304530, open wo-zo 11.00-22.00, prijs € 17, bus m1 stedenwijk midden

㉞ Al meer dan dertig jaar is **IJssalon Mariola** dé ijssalon van Almere Haven. Het ijs wordt dagelijks op ambachtelijke wijze bereid in eigen ijskeuken, en dat proef je. Op zonnige dagen staat er vaak een lange rij, maar het wachten is absoluut de moeite waard.
kruisstraat 74, www.ijssalonmariola.nl, telefoon 0365316015, open di-zo 11.00-18.00, bij mooi weer dagelijks 11.00-20.00, zomer dagelijks 11.00-22.00, prijs € 3, bus m1 centrum almere haven

㉟ Dat **Brasserie Bakboord** goed bezig is, blijkt wel. Voor 2019 staan zij in de *LEKKER500 beste restaurants van Nederland*, hebben een vermelding in de *Gault&Millau* en ontvingen als het enige restaurant van Flevoland de felbegeerde Bib Gourmand. Het restaurant is prachtig gelegen aan de havenmond van de jachthaven in Almere Haven en het Gooimeer. Dagelijks kun je hier terecht voor lunch, diner en high tea.
veerkade 10, www.brasseriebakboord.nl, telefoon 0365404040, open dagelijks 11.00-22.00, prijs € 24, bus m1 centrum almere haven

ROUTE 4 > ALMERE

(36) 'Waar men eten deelt, worden zij aan elkaar verbonden' is een Indisch spreekwoord en bij **'t Indisch Veerhuys** kunnen ze zich daar helemaal in vinden. Het menu bestaat uit uitgebreide rijsttafels, *Indonesian street food*, traditionele saté en kleine gerechtjes om zelf een menu mee samen te stellen.
havenhoofd 7, www.hetindischveerhuys.nl, telefoon 0365258801, open wo-zo 17.00-21.30, prijs € 25, bus m1 centrum almere haven

(37) Voor een heerlijke hap en Texels bier ga je naar **De Jutter**. 's Zomers is het hier altijd gezellig druk. Reserveren hoeft niet, maar is wel aan te raden. Er zijn parasols en strandbedjes te verkrijgen. Omdat het zwemstrand geleidelijk afloopt en er in het Gooimeer drijflijnen zijn, is het een populaire plek voor gezinnen. In de winter kun je hier na een strand- of dijkwandeling bijkomen met een kop soep of andere warme hap.
strandweg 16, www.dejutteralmere.nl, telefoon 0367370324, open dagelijks vanaf 11.00, prijs € 20, bus m1 centrum almere haven

SHOPPEN

(3) De naam zegt het al: **Reclaimed Jewels**. Sieraden die niet nieuw zijn, maar daarom niet minder uniek en sommigen met een bijzonder verhaal. De collectie is verrassend en afwisselend. Vaak is er in de winkel maar één enkel exemplaar. Hier vind je iets moois voor jezelf of voor een ander. Je kunt ook je eigen sieraden laten taxeren, verkopen, inruilen, verpanden of laten repareren.
stationsstraat 51, www.reclaimed.nl, telefoon 0365260900, open ma 12.00-18.00, di-wo & vr 09.30-18.00, do 9.30-21.00, za 9.30-17.30, bus m1 stadhuisplein

(14) Een spirituele winkel met veel Nepalese, Indiase, Indiaanse en Boeddhistische artikelen. Bij **Ladonna** vind je een grote verscheidenheid aan edelstenen en mineralen. De winkel staat heel vol en oogt rommelig, maar dat geeft deze zaak wel echt haar charme en hierdoor zie je telkens weer nieuwe dingen.
zadelmakerstraat 8, www.ladonna.nl, telefoon 0365298244, open di-vr 10.00-18.00, za 10.00-17.00, zo 12.00-17.00, bus m1 passage

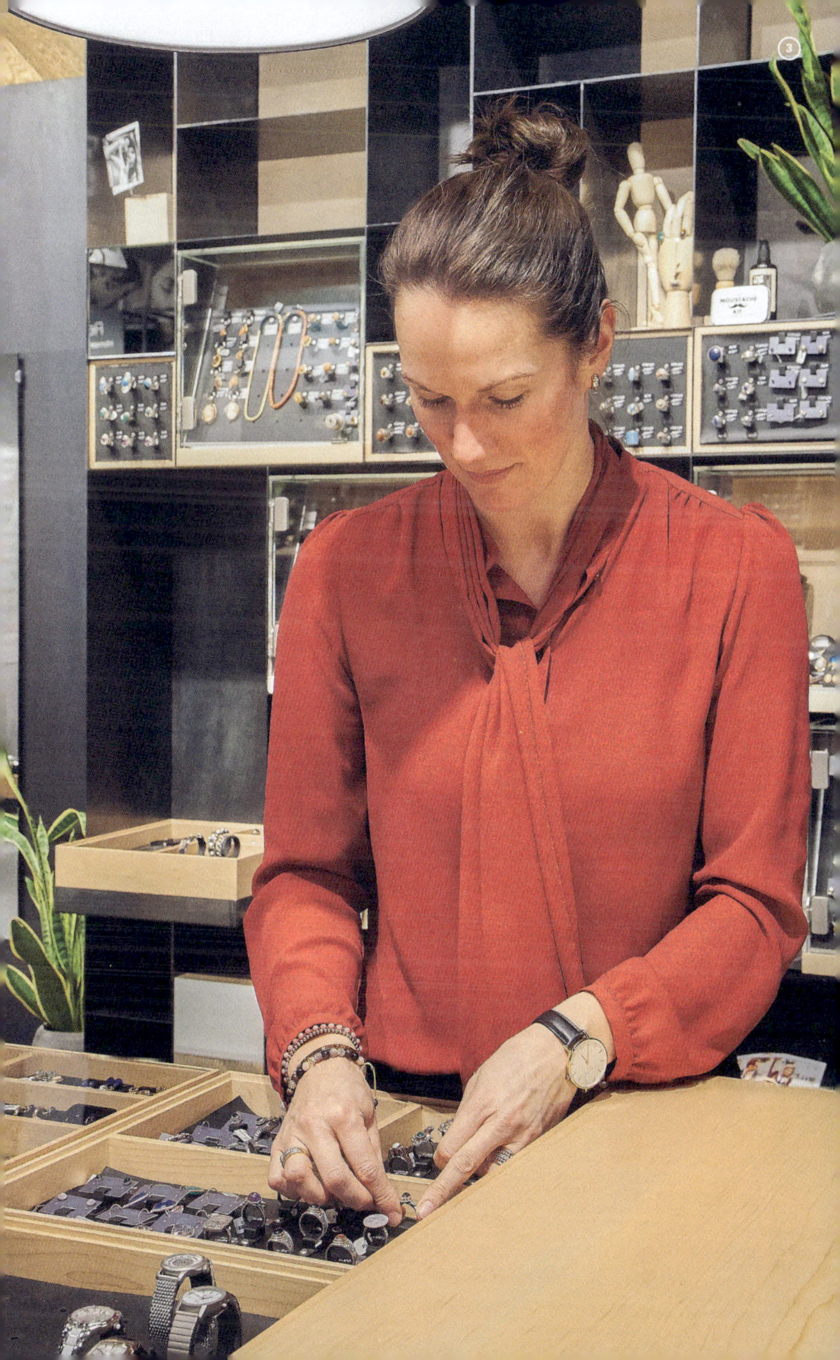
3

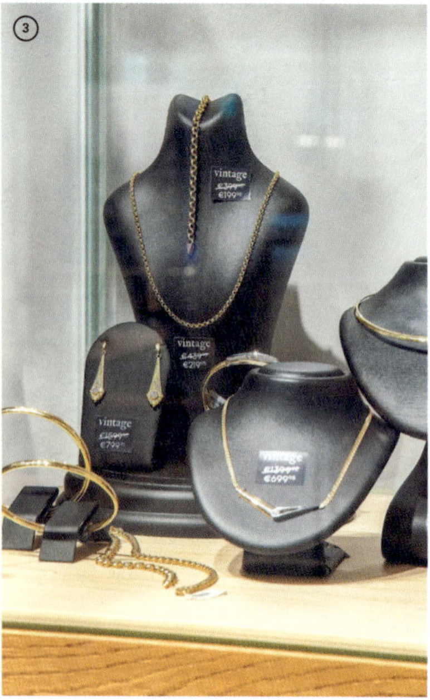
3
vintage
vintage
vintage
vintage

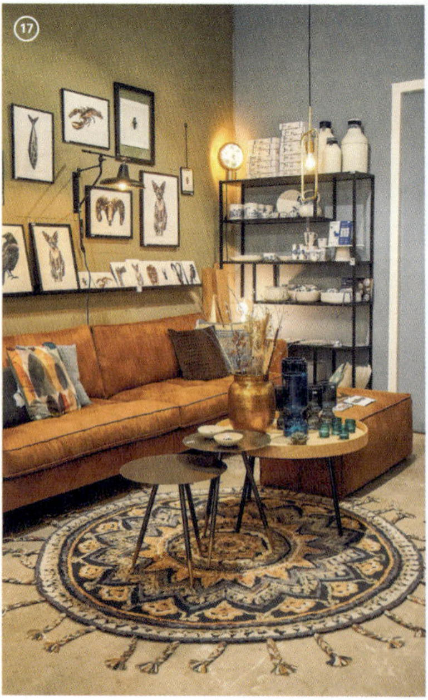
17

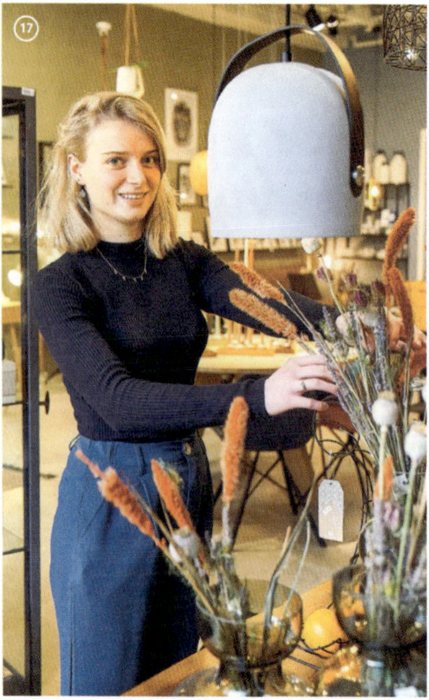
17

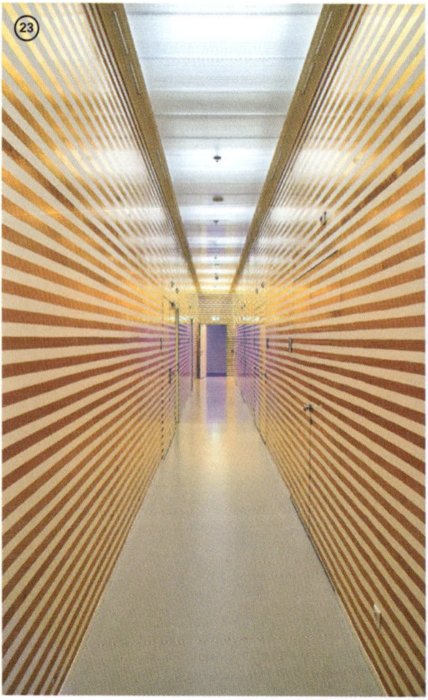
23

ROUTE 4 > ALMERE

(15) Ambachtelijke bakker met brood zoals brood hoort te zijn. Bij **Dekker Winkler** maken ze brood zonder emulgatoren en andere onnatuurlijke toevoegingen. Hetzelfde geldt voor het gebak. De koekjes zijn zeker het proberen waard!
zadelmakerstraat 13, www.dekkerenwinkler.nl, telefoon 0368447808, open ma 9.00-17.30, di-vr 8.00-17.30, za 8.00-17.00, bus m1 passage

(17) Voor trendy meubels en hippe accessoires van merken als Pepe Heykoop en Zuiver moet je bij **Kaky** zijn. Zelf noemen ze die *interior jewels*. Het personeel is erg behulpzaam en vertelt graag over de producten. Ze verkopen hier bijvoorbeeld handgemaakte grafietfiguren die een leven lang meegaan. Extra wooninspiratie nodig? Bekijk dan hun hippe etalage in het midden van de Schutterstraat.
de diagonaal 32, www.kaky.nl, open ma 12.00-18.00, di-wo & vr-za 10.00-18.00, do 10.00-21.00, zo 12.00-17.00, bus m1 stadhuisplein

(19) Gespecialiseerd in strips en manga's; **Het Beeldverhaal**, al jaren een begrip in Almere. Vol met merchandise, strips en collector's items om te bewonderen. Personeel is behulpzaam en heeft kennis van eigen producten. De collectie bestaat vooral uit Nederlandse en Belgische strips en is hierin ook zeer up-to-date.
schutterstraat 27, www.hetbeeldverhaal.nl, telefoon 0365402672, open ma 12.00-18.00, di-wo & vr 10.00-18.00, do 10.00-21.00, za 9.30-18.00, zo 12.00-17.00, bus m1 stadhuisplein

(21) Thuis genieten van lekkere thee of koffie? Bij **Bij Drewes** heb je ruime keuze aan verse koffie en thee en heel veel (cadeau)artikelen die hiermee te maken hebben. Je kunt hier ook zitten om te lunchen en lekker een van de theeën of koffies uit de winkel te proeven, ook als deze niet op de kaart staat.
citadel 20, www.bijdrewes.nl, telefoon 0365303330, open ma 13.00-18.00, di-wo & vr 10.00-18.00, do 10.00-21.00, za 10.00-17.00, zo 12.00-17.00, bus m1 stadhuisplein

(27) Bij **RUAN Creatief** kun je terecht voor al je creatieve uitspattingen. De winkel mag Almere al ruim 27 jaar zijn thuis noemen en is in de tussentijd uitgegroeid tot een waar begrip voor iedereen met een creatief hart.
brouwerstraat 16-22, www.ruan.nl, telefoon 0365331377, open ma 13.00-18.00, di-wo & vr 9.30-18.00, do 9.30-20.00, za 9.30-17.00, bus m1 passage

ROUTE 4 > ALMERE

LEUK OM TE DOEN

⑤ Op het Stadhuisplein valt **de nieuwe bibliotheek** direct op. Dit prachtige pand, dat ook wel de huiskamer van de stad genoemd wordt, is zeker een bezoekje waard. Vanaf de vierde verdieping, waar je ook de *hackerroom* (escaperoom) vindt, heb je een mooi uitzicht over de stad. In de bibliotheek worden regelmatig workshops, exposities en voorstellingen georganiseerd. Op de tweede verdieping vind je het nieuwscafé. Hier kun je met een hapje en een drankje kranten en tijdschriften uit de hele wereld doornemen. Ook het Filmhuis is hier gevestigd. In de moderne filmzaal worden de nieuwste arthousefilms vertoond.
stadhuisplein 101, www.denieuwebibliotheek.nl, telefoon 0365486000, open ma 10.00-18.00, di-vr 9.00-20.00, za 10.00-17.00, zo 12.00-17.00, bus m1 stadhuisplein

⑨ **De Meester** is het poppodium van Almere, met optredens van verschillende artiesten in verschillende genres, van hiphop to jazz en van rock tot blues. Regelmatig zijn hier avonden met muziek, bierproeverijen, pubquizzen, het jaarlijkse Oktoberfest, poprondes en nog veel meer. Houd de website in de gaten!
rentmeesterstraat 2, www.demeesteralmere.nl, telefoon 0365332780, zie website voor programma en prijzen, bus m1 centraal station

㉓ Stadsschouwburg **KAF** aan de Esplanade en het Weerwater is meer dan alleen een schouwburg. Het is het duurste cultuurgebouw van Nederland. Moderne theaterzalen met in de foyer een gigantische muurschildering. Er zijn diverse oefenruimtes waar muzieklessen worden gegeven. Ook is er een expositie met Almere in Lego en zo zie je alle karakteristieke gebouwen nog eens terug, maar dan in het klein. Grappig detail: in de RTL-serie *Nieuwe buren* diende het gebouw als decor voor het politiebureau.
esplanade 10, www.kaf.nl, telefoon 0368455555, open ma-vr 9.00-17.30, za 13.00-17.30, prijs verschilt per voorstelling, bus m1 passage

㉖ Het enige echte museum in Almere heet **PIT** en gaat over veiligheid en de geschiedenis van de veiligheidsdiensten. In de collectie zitten een paar pronkstukken zoals een politiekever uit 1975 en een blusboot die dienst deed in Amsterdam van 1930 tot 1983. Deze boot vaart op speciale dagen op het Weerwater. PIT ligt aan het Schipperplein met een eilandje omringd door water. In de

If you've got the time

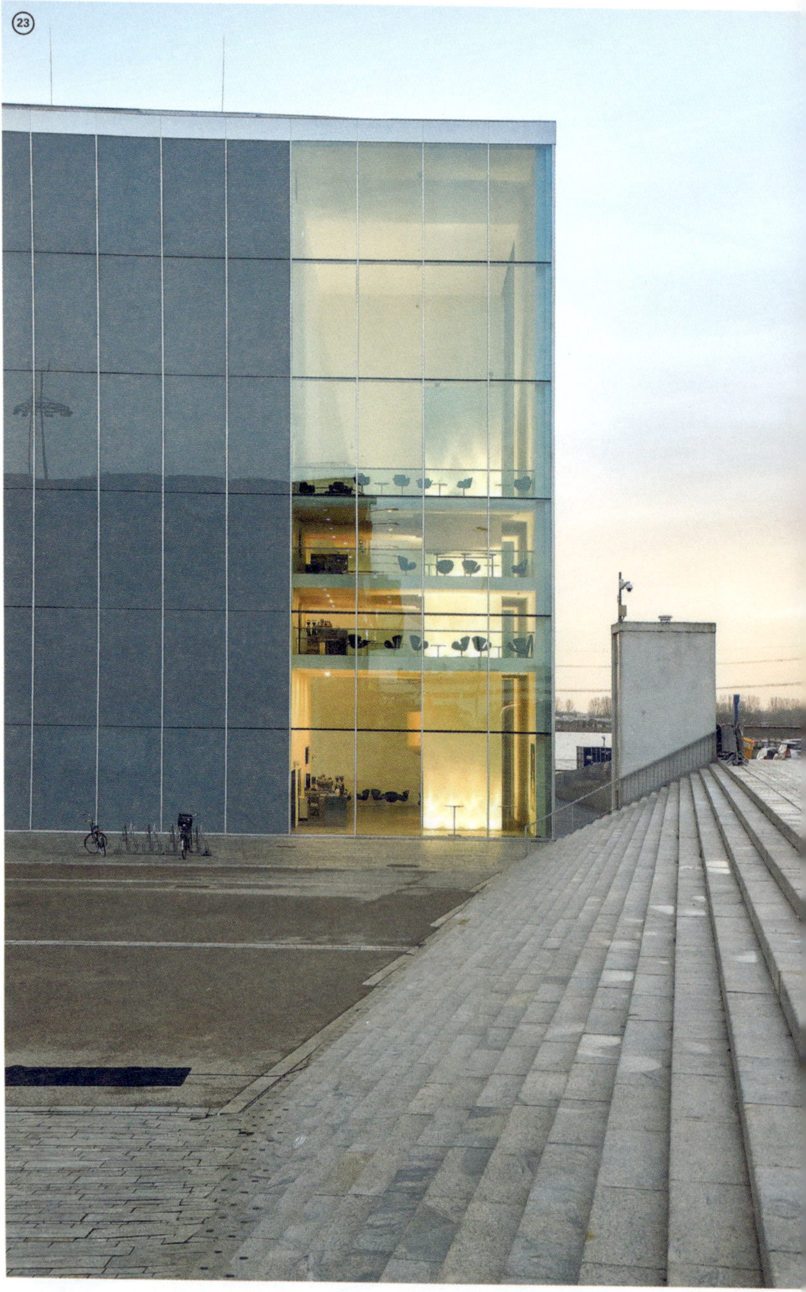
23

ROUTE 4 > ALMERE

winter is dit een schaatsbaan, in de zomer een waterbaan. 's Avonds wordt dit plein door kunstlicht in steeds verschillende sferen gebracht.
schipperplein 4, www.pitveiligheid.nl, telefoon 0368446637, open di-zo 11.00-17.00, entree € 10, bus m1 passage

㉙ De kapperszaak met de slechtste slogan van het land: 'Wij doen wel vrouwen, maar knippen ze niet'. Maar daarom is hij niet minder leuk. Knippen, wassen en trimmen is een belevenis bij **Barbier Rogier**, de kapperszaak alleen voor mannen. Makkelijk: je kunt hier zonder afspraak binnen lopen.
deventerpad 18, www.barbieralmere.nl, telefoon 0367370071, open di-vr 8.30-18.00, za 8.30-17.00, prijs knipbeurt € 26, bus m1 passage

㉝ Dé hotspot aan de Markt in Almere Haven is **Corrosia**. Hier hebben Corrosia Theater, Expo & Film, de nieuwe bibliotheek, De Schoor Welzijnswerk Almere, het gebiedskantoor Almere-Haven en Café ROEST zich gevestigd in één pand. Literatuur, beeldende kunst, film, theater en andere activiteiten komen hier samen.
markt 43, www.cultureelcentrumcorrosia.nl, telefoon 0365215929, zie website voor programma en prijzen, bus m1 centrum almere haven

㊳ Houd je van watersport, dan is het **Surfstrand Almere Haven**, naast het zwemstrand van Almere Haven, the place to be. Surfclub Almere bevindt zich hier en je surft zo het Gooimeer op. Leuk weetje: het surfstrand is ook de plek van de traditionele Nieuwjaarsduik in Almere. Je kunt in deze omgeving ook erg mooi fietsen.
surfstrand haven, bus m1 de hoven

LUIK

EIGENZINNIGE MIX VAN EEUWENOUD EN HYPERMODERN

CITY HIGHLIGHTS

MONTAGNE DE BUEREN + LA BOVERIE + COTEAUX DE LA CITADELLE + RUE ROTURE + GARE DE LIÈGE GUILLEMINS

DE STAD

Afgelopen jaren heeft Luik een ware transformatie ondergaan. Ze is van een wat grijze industriestad veranderd in een feestelijke, multiculturele *meltingpot*, waar je je geen moment hoeft te vervelen. Zin om te shoppen in de nieuwe, trendy winkeltjes bij het oude stadscentrum, een middagje te relaxen in het stadspark of juist het hippe nachtleven in te duiken? Go ahead! Van hippe clubs in uitgaansbuurt **Carré** tot bruine kroegen en van grote popfestivals tot folkloristische evenementen, er is voor ieder wel wat wils, de stad is volop in beweging.

Mocht je daarnaast in zijn voor een flinke portie kunst & cultuur, dan zit je in Luik ook goed. Een aantal grote cultuurpaleizen zoals **Musée La Boverie** (het kunstmuseum), de opera en het theater zijn onlangs volledig opgeknapt. Daarnaast zijn er gloednieuwe architectonische hoogstandjes. Zo blinken het ultramoderne treinstation **Guillemins** en het mooie kunstcentrum **Cité Miroir** uit als voorbeelden van geslaagde stadsvernieuwing.

Maar natuurlijk is er ook oog voor Luiks rijke verleden. Het **historische hart** van de stad met haar kleine straatjes en aantrekkelijke pleinen is bezig aan haar tweede (derde, vierde?) jeugd. Een geweldige buurt om op het gemak doorheen te slenteren, te genieten van lokale specialiteiten of een terrasje te pikken. Juist zin in een middagje *off the beaten track*? Breng dan zeker een bezoekje aan volksbuurt **Outremeuse**, alwaar couleur locale én etnische diversiteit hand in hand gaan.

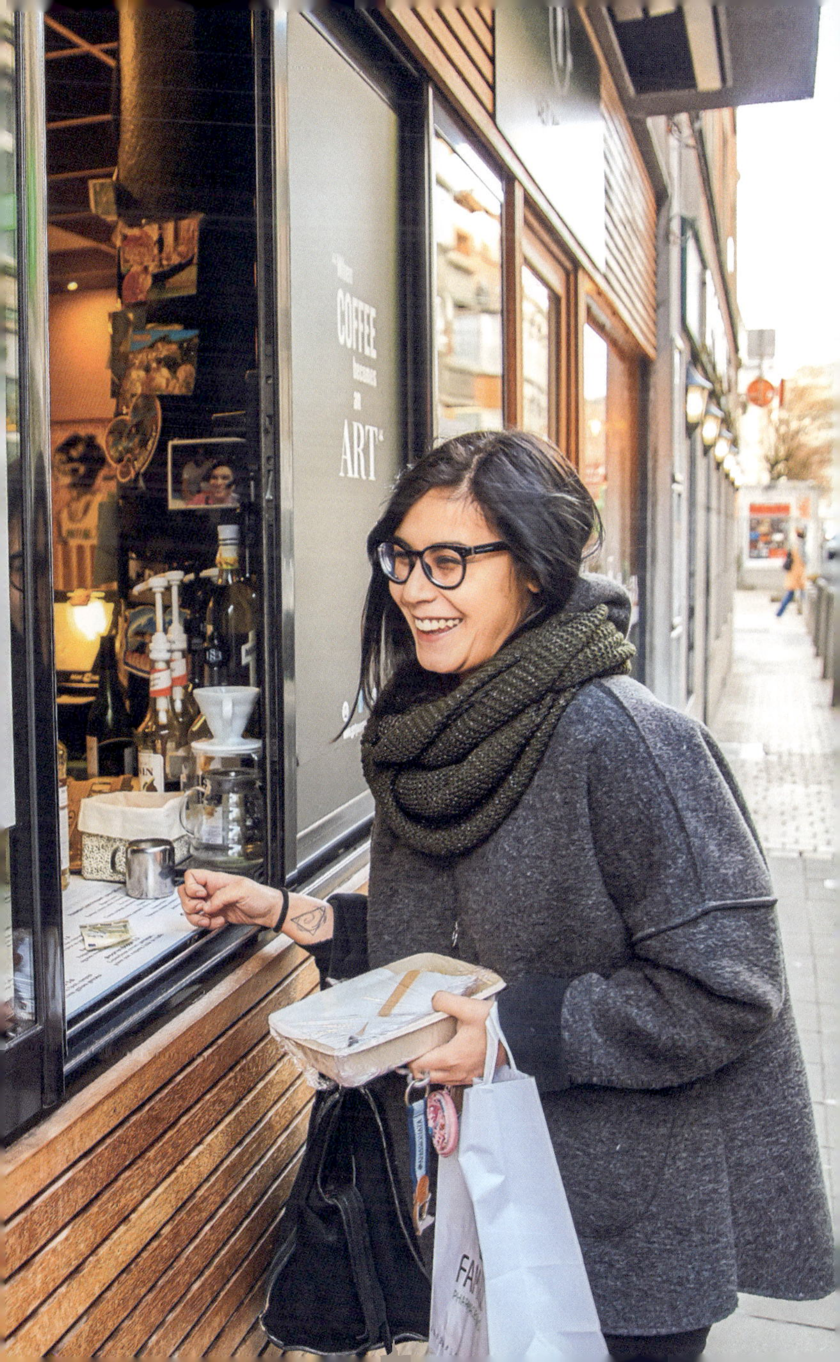
COFFEE
ART

ROUTE 5

COEUR HISTORIQUE, CENTRE, OUTREMEUSE & GUILLEMINS

OVER DE ROUTE

De route begint in het historische hart van de stad en voert via oude steegjes en vergeten paden naar het huidige centrum. Liefhebbers van leuke winkels, cosy eetgelegenheden en een bruisend nachtleven komen hier niets tekort. Natuurlijk maak je ook kennis met lokale folklore, architectuur en kunstgeschiedenis. Je passeert de meest uiteenlopende gebouwen en stijlen.

DE WIJKEN

Coeur Historique is het historische hart van de stad. Hoewel de wijk veel toeristen trekt, is het vooral een woonbuurt die bekendstaat om de scholen. 's Middags krioelt het hier dan ook van de scholieren. Hier vind je vele musea en op de terrasjes van Place du Marché geniet je van het goede leven. Naast monumentale panden en pleinen, tref je een wirwar van steegjes aan. Wandelaars kunnen terecht op de citadelheuvel, ook geliefd bij buurtbewoners.

Centre heeft de afgelopen twintig jaar een metamorfose ondergaan. Ruïnes zijn gerestaureerd en lelijke flatgebouwen maken langzaam plaats voor meer verantwoorde architectuur. De wijk kent naast de standaard winkelketens nu ook veel hippe shops en restaurants. Volksbuurt **Outremeuse** heeft haar authentieke karakter weten te behouden. De wijk ligt op een eiland in de Maas. Hier vind je veel buurtwinkeltjes en cafés. Multiculturele diversiteit én plaatselijke folklore gaan er hand in hand. Hier groeide de auteur Simenon op en er is nog veel art nouveau te zien. Elke vrijdag is op de Boulevard de la Constitution de brocantemarkt van Saint-Pholien.

Het Parc de la Boverie in **Longdoz-Boverie** ligt op het zuidpunt van Outremeuse. 's Zomers is het de ideale bestemming voor veel locals. Le RAVel, een Waals netwerk van recreatieve paden, loopt langs het water, over de gehele lengte

ROUTE 5 > LUIK

van het eiland. Dit is dé ontmoetingsplek voor joggend, fietsend en wandelend Luik.

Guillemins kenmerkt zich door de moderne architectuur. Hier staat een van de grootste bezienswaardigheden van Luik: het station. La Belle Liégeoise is een nieuwe voetgangersbrug over de Maas, die de wijk met La Boverie verbindt. In Rue des Guillemins zitten talrijke delicatessenzaken.

WEINIG TIJD? DIT ZIJN DE HOOGTEPUNTEN:
LE GRAND CURTIUS + MEERS CAFÉ + PARC DE LA BOVERIE + CATHÉDRALE SAINT-PAUL + LA CITÉ MIROIR

TIPS
// Een must als dit je eerste bezoek aan Luik is
// Leuke route voor foodies
// Zeer gevarieerd decor: van eeuwenoud tot hypermodern

Cheers!

Relax ;-)

Liège

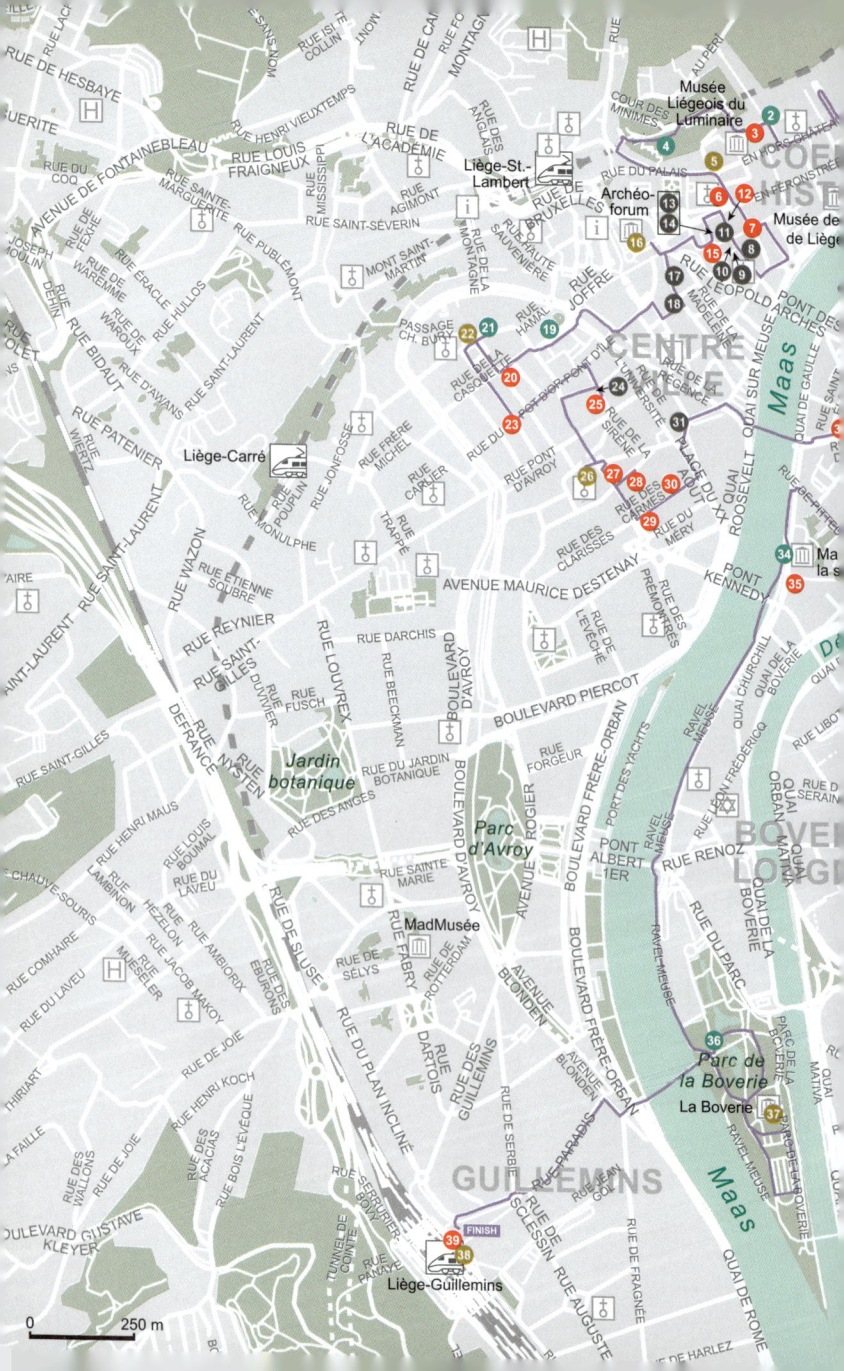

Map of central Liège showing numbered points of interest (1–39), including Musée Liégeois du Luminaire, Archéoforum, Musée de Liège, Liège-St.-Lambert, Liège-Carré, MadMusée, La Boverie, and Liège-Guillemins (FINISH).

Key streets and landmarks:
- RUE DE HESBAYE, RUE DE CAMPINE, RUE DE MONTAGNE
- RUE HENRI VIEUXTEMPS, RUE DE L'ACADÉMIE
- RUE LOUIS FRAIGNEUX, RUE SAINTE-MARGUERITE
- AVENUE DE FONTAINEBLEAU, RUE SAINT-SÉVERIN
- RUE DU COQ, RUE DE BRUXELLES
- MONT SAINT-MARTIN, RUE HAUTE SAUVENIÈRE
- RUE DE LA MONTAGNE, RUE JOFFRE
- RUE HAMAL, PASSAGE CH. BURY
- RUE DE LA CASQUETTE, RUE DE L'UNIVERSITÉ
- RUE PONT D'AVROY, RUE DES CARMES
- RUE DU MÉRY, RUE DES CLARISSES
- AVENUE MAURICE DESTENAY
- RUE DES PRÉMONTRÉS, RUE DE L'ÉVÊCHÉ
- BOULEVARD PIERCOT, BOULEVARD D'AVROY
- RUE FORGEUR, PORT DES YACHTS
- PONT KENNEDY, PONT ALBERT 1ER
- RUE RENOZ, RUE DE LA BOVERIE
- Jardin botanique, Parc d'Avroy, Parc de la Boverie
- QUAI DE GAULLE, QUAI ROOSEVELT, QUAI SUR MEUSE
- QUAI DE LA BOVERIE, QUAI ORBAN
- RAVEL MEUSE
- Maas (river)
- CENTRE, COEUR HISTORIQUE, BOVERIE, GUILLEMINS
- PONT DES ARCHES, PONT KENNEDY

Scale: 0 — 250 m

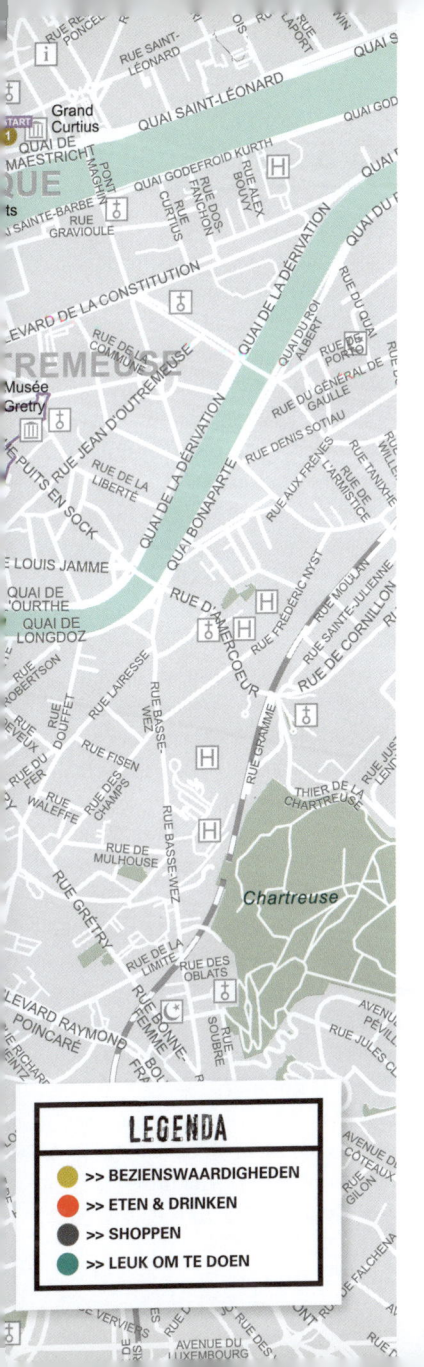

LUIK

1. Le Grand Curtius
2. Montagne de Bueren
3. Brasserie C
4. Coteaux de la Citadelle
5. Musée de la Vie Wallonne
6. Une Gaufrette Saperlipopette
7. Greenburger
8. Carré Noir
9. Le Petit Grand Bazar
10. Jangala
11. Restore
12. La Quintessence
13. Toutes Directions
14. Beerlovers
15. La Maison du Peket
16. Archéoforum
17. Wattitude
18. Ma Ferme en Ville
19. Opéra Royal de Wallonie
20. Caffè Internazionale
21. Cinéma Sauvenière
22. La Cité Miroir
23. Le Carré
24. Passage Lemonnier
25. Glace & Moi
26. Cathédrale Saint-Paul
27. Au tableau qui dit des bêtises
28. Le Pot au Lait
29. Get your mug
30. Tea Late
31. Meers Café
32. Accattone
33. Rue Roture
34. Pôle Fluviale
35. Le labo 4
36. Parc de la Boverie
37. La Boverie
38. Gare de Liège-Guillemins
39. Grand Café de la Gare

LEGENDA

- >> BEZIENSWAARDIGHEDEN
- >> ETEN & DRINKEN
- >> SHOPPEN
- >> LEUK OM TE DOEN

ROUTE 5 > LUIK

ROUTEBESCHRIJVING 5 (ca. 9,3 km)

Aangekomen op het station Liège-Guillemins? Stap op bus 1 of 4 richting stadscentrum en stap uit voor museum Curtius ❶. Steek Place St-Barthélemy over, loop Rue des Brasseurs in en ga rechts onder het gebouw door via Cour St-Antoine naar Rue Hors-Château. Ga daar links en wandel schuin aan de overkant Impasse de l'Ange in. Aan het eind loop je terug via Impasse de la Couronne. Vervolg je weg en sla na de rode kerk rechtsaf de straat Montagne de Bueren ❷ in. Neem voor de trap het steegje links ❸ en volg het steile pad naar boven. Daar ga je links Terrasses des Minimes in ❹. Loop helemaal door tot het einde en daal dan af via de trap (dus niet de trap halverwege!). Je komt uit in Rue Pierreuse en gaat links. Ga weer links bij Rue du Palais ❺ en neem rechts Rue des Mineurs ❻. Steek bij het kruispunt over en loop Rue du Pont in ❼. Ga naar links en meteen weer rechts (bij de oude Halle de Viande). Bij de rotonde neem je de eerste straat rechts. Sla verderop bij Casa Ponton rechtsaf de voetgangersstraat En Neuvice in ❽ ❾ ❿ ⓫ ⓬. Je komt uit op Place du Marché, met veel historische gebouwen. Ga links en dan voor het stadhuis weer links ⓭ ⓮ ⓯. Loop om het stadhuis heen en steek de weg over naar Place St-Lambert ⓰, met het imposante paleis. Ga Rue Souverain Pont in ⓱ en bij ⓲ rechts naar Place St-Étienne. Steek het plein over en neem het steegje links voor het winkelcentrum. Bij de verkeerslichten steek je over en loop dan rechts richting opera ⓳. Neem achter de opera Rue de la Casquette ⓴. Ga dan de eerste straat rechts, naar Place Xavier Neujean ㉑ ㉒. Loop via Rue du Diamant richting centrum en sla links Rue Pot d'Or in ㉓. Neem een stuk verderop rechts Rue Lulay des Fèbvres en loop tot in het hart van de galerij ㉔. Voor een ijsje ㉕ loop je nog iets verder door, anders ga je rechts en aan het eind links naar de kathedraal ㉖ ㉗. Ga Rue St-Paul in. Voor Pot au Lait ㉘ neem je de eerste straat links, en anders de tweede: Rue des Carmes ㉙ ㉚. Ga aan het eind links naar Meers ㉛ en loop om de universiteit heen naar de voetgangersbrug. Aan de overkant loop je rechtdoor ㉜ tot voorbij Place de l'Yser en ga dan twee-maal rechts, Rue des Récollets in. Aan het eind zie je links aan de overkant, iets verderop, een steegje met ijzeren hekwerk. Ga hierin ㉝. Bij Café Brasil ga je rechts en meteen links. Neem bij de rotonde de eerste straat rechts, Rue de Pitteurs. Ga aan het eind links. Volg de Maas ㉞ ㉟ naar Parc de la Boverie ㊱ ㊲. Neem de voetgangersbrug naar Guillemins ㊳ ㊴.

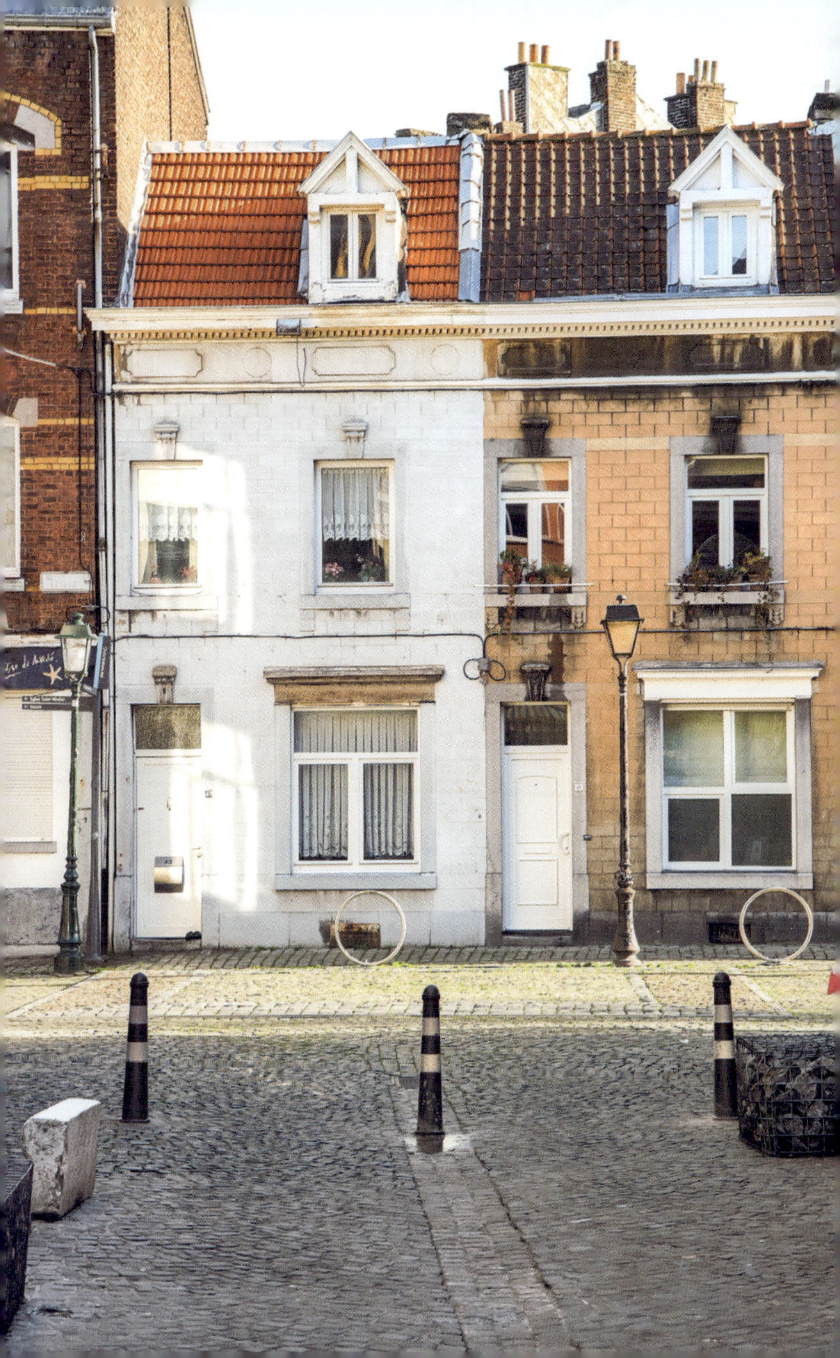

ROUTE 5 > LUIK

BEZIENSWAARDIGHEDEN

① Museum **Le Grand Curtius** is ontstaan uit een fusie van meerdere musea. Het bezit een imposante collectie Luikse kunst- en cultuurvoorwerpen, die een tijdspanne beslaan van 7000 jaar. Er zijn verschillende afdelingen, zoals archeologie, decoratieve en religieuze kunst, glas en wapens. Naast de vaste collectie zijn er tijdelijke exposities met wisselende thema's.
féronstrée 136, www.grandcurtius.be, telefoon 042216817, open wo-ma 10.00-18.00, entree € 9, eerste zo van de maand gratis, bus 1, 4, 24 grand curtius

⑤ Het **Musée de la Vie Wallonne** heeft een mooie collectie Waalse gebruiksvoorwerpen, rariteiten, foto's en kleding uit de 19e en 20e eeuw. En ook het gebouw zelf is interessamt. Het is een voormalig minderbroedersklooster uit de 17e eeuw. In de zomer kun je in de gewelfde galerij aan de binnenplaats terecht voor een hapje en drankje.
cour des mineurs, www.viewallonne.be, telefoon 042792016, open di-zo 9.30-18.00, entree € 5, eerste zo van de maand gratis, bus 1, 4, 24 place du marché

⑯ Onder Place Saint-Lambert bevindt zich het **Archéoforum**. De restanten van een Gallo-Romeinse villa én de fundamenten van een gotische kathedraal die hier ooit stond, vormen de hoofdbestanddelen van deze archeologische plaats.
place saint-lambert, www.archeoforumdeliege.be, telefoon 042509370, open di-vr 9.00-17.00, za 10.00-17.00 (schoolvakanties ma-za 9.00-17.00), eerste zo van de maand 13.00-17.00 (gratis), entree € 6 (inclusief trésor), bus gare léopold

㉒ Naast exposities zoals de World Press Photo, biedt **La Cité Miroir** een groot aanbod aan theater, films, concerten en conferenties. De vormgeving van het gebouw (een voormalig zwembad) is subliem. De belangrijkste expositieruimte bevindt zich in het voormalige bassin, de zwembadtrapjes zijn er nog.
place xavier neujean 22, www.citemiroir.be, telefoon 042307050, open ma-vr 9.00-18.00, za-zo 10.00-18.00 (jul en aug gesloten) en 's avonds afhankelijk van programma, prijs variabel, eerste zo van de maand gratis, bus 9 rue lonhienne of opéra

㉖ De fundamenten stammen uit de 10e eeuw, het gotische gebouw, zoals we de **Cathédrale Saint-Paul** nu kennen, werd in de 13e tot 15e eeuw gebouwd.

(22)

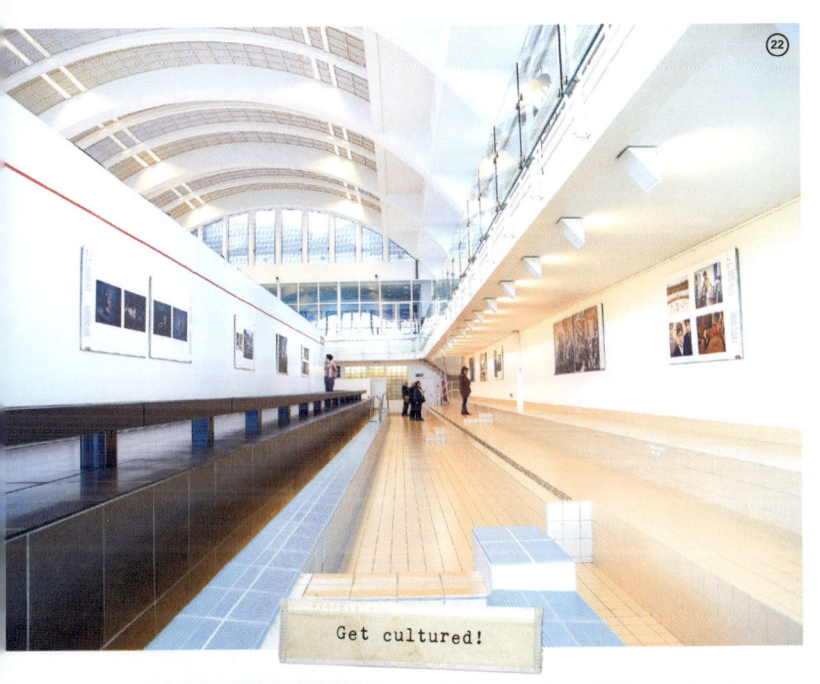

Get cultured!

(38)

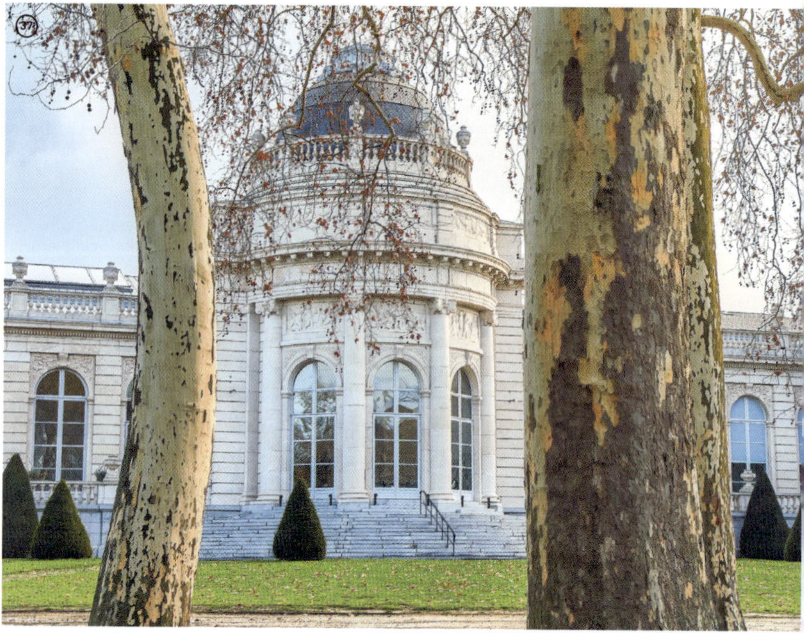
37

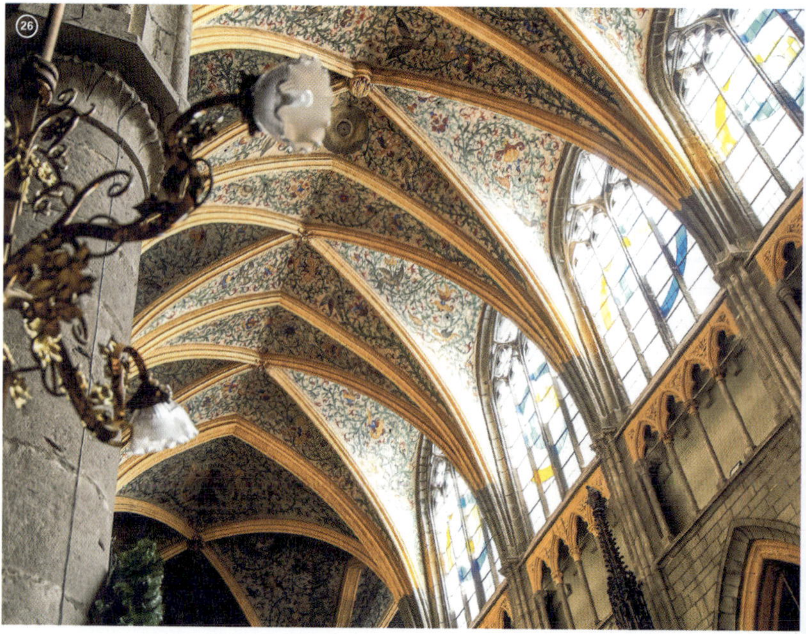
26

ROUTE 5 > LUIK

Hier staan beelden van Jean Del Cour en prachtig glaswerk (zowel klassiek als modern). In het klooster kun je de schatkamer (trésor) bewonderen.
place de la cathédrale, www.cathedraledeliege.be, telefoon 042326131, open kathedraal dagelijks 8.00-17.00, trésor di-zo 14.00-17.00, entree kathedraal gratis, trésor € 6, bus 7 place de la cathédrale

㊲ **La Boverie** dateert van de Wereldtentoonstelling uit 1905. Het onderging in 2016 een grondige restauratie en biedt sindsdien onderdak aan het Museum voor Schone Kunsten én een grote expositieruimte. In de permanente collectie van het museum tref je werk aan van regionale kunstenaars en internationale meesters als Picasso en Gauguin. Voor de tijdelijke exposities werkt La Boverie minstens één keer per jaar samen met het Louvre in Parijs.
parc de la boverie, www.laboverie.com, telefoon 042385500, open di-zo 10.00-18.00, entree vaste collectie € 5, tentoonstellingen variabel, eerste zo van de maand gratis, bus 26, 31 place du parc

㊳ **Gare de Liège-Guillemins** is een esthetisch hoogstandje van Santiago Calatrava, de Spaanse architect. Sinds de feestelijke opening in 2009 trekt het – naast treinreizigers – grote aantallen bezoekers die het immense gebouw komen bewonderen om de organische vormen en glazen koepel. In het fotogenieke station bevindt zich een expositieruimte met tentoonstellingen.
place des guillemins 2, telefoon 025282828, trein of bus liège-guillemins

ETEN & DRINKEN

③ **Brasserie C** is gevestigd in een oud begijnhof aan een voetgangerssteeg in het historische hart van de stad. Hier zit de befaamde Curtius-brouwerij. Naast een bezoek aan de brouwerij kun je er ook terecht voor een drankje met hapje.
impasse des ursulines, www.brasseriec.com, telefoon 042660692, open do-za 12.00-0.00, zo 10.30-20.00, prijs curtiusbier € 3, bus 1, 4, 24 rue velbruck

⑥ Geen bezoek aan de stad zonder een Luikse wafel te proeven, natuurlijk! Een uitstekend adresje is **Une Gauffrette Saperlipopette**. Laat je niet afschrikken door de rijen die meestal tot buiten staan, de beloning is het wachten

ROUTE 5 > LUIK

waard! Ook de andere gebakjes in de etalage vragen erom geproefd te worden, net als het brood bij de bakkerij schuin aan de overkant (zelfde eigenaar).
rue des mineurs 7, www.une-gaufrette-saperlipopette.be, telefoon 042223713, open wo-zo 9.00-18.00, prijs wafel € 2,25, bus 1, 4, 24 place du marché

⑦ **Greenburger** is het veganistische alternatief voor wie weleens wat anders wil dan de zoveelste hamburger. Het menu is gevarieerd, de combinatie van biologische ingrediënten origineel en het houten interieur sfeervol.
rue du pont 13, www.greenburger.be, telefoon 043587613, open di-do 12.00-21.00, vr-za 12.00-22.00, zo 12.00-15.00, prijs burger € 9, bus 1, 4, 24 place du marché

⑫ **La Quintessence** is een Libanese traiteur met bijbehorend eettentje. De *mezze* zijn beroemd in Luik. Ook eet je hier heerlijke dagschotels en broodjes.
en neuvice 3, www.laquintessenceneuvice.com, telefoon 042232231, open wo-do 11.30-18.30, vr-za 11.30-19.00, zo 11.00-15.00, prijs mezze vanaf € 1,50 per stuk, bus gare léopold of place saint-lambert

⑮ **La Maison du Peket** ligt verscholen achter het stadhuis en bestaat uit een bruin café, een restaurant (Amon Nanesse) en een nachtclub (Impasse Club). Het gebouw bestaat uit verschillende ruimtes, verdiepingen, hoekjes en gangen. Er zijn zelfs twee waterputten. Specialiteit is *peket*, een soort Luikse jenever die verkrijgbaar is in meer dan dertig verschillende kleuren en smaken.
rue de l'épée 4, www.maisondupeket.be, telefoon 042506783, open restaurant do-ma 12.00-14.00 & 18.00-22.00, café dagelijks vanaf 10.00, prijs peket € 3,50, bus gare léopold of place saint-lambert

⑳ De specialiteit van **Caffè Internazionale** is pastrami: gerookt en gepekeld rundvlees. Verder serveren ze een stevig ontbijt, heerlijke boterhammen, pasta's en maaltijdsalades. De hoge plafonds, houten vloer en marmeren schouwen geven het interieur van dit herenhuis een stijlvol tintje.
rue de la casquette 17, fb caffeinter, telefoon 042230670, open ma-za 10.00-17.30, zo 11.00-16.00, prijs broodje pastrami € 9,50, bus opéra

㉓ Luxe winkels en donkere studentenkroegen liggen zij aan zij in **Le Carré**, een wirwar van steegjes vlak bij Place de la Cathédrale. Het staat bekend als

"When COFFEE becomes an ART"

www.getyourmug.coffee

hét kloppende hart van de Luikse uitgaansscene. Er is zelfs een legendarisch restaurant dat nooit sluit (**Le Brasilia**, Rue Pont d'Avroy 44).
rue pot d'or, open 24 uur per dag, bus pont d'avroy

㉕ Verscholen in een zijstraatje van Passage Lemonnier vind je **Glace & Moi**, een ijssalon van formaat. Niet vanwege de omvang of de decoratie van het pand, maar vanwege de geweldige kwaliteit van het ijs dat ze verkopen.
rue lulay des fèbvres 12, www.glace-et-moi.be, telefoon 042870272, open apr-sep ma 13.30-21.00, di-za 11.00-21.00, zo 13.30-19.30, okt-mrt ma 13.30-19.00, di-za 11.00-19.00, prijs ijscoupe vanaf € 6,50, bus 7 place de la cathédrale

㉗ Vlak naast de kathedraal zit **Au tableau qui dit des bêtises**. Het menu wordt om de drie weken vernieuwd. Uitzondering hierop vormen de beroemde *boulets à la liégeoise*, een soort gehaktballen in zoetzure saus.
rue charles magnette 23, www.autableauquiditdesbetises.be, telefoon 0473606302, open ma & do-za 12.00-15.00 & vanaf 18.00, zo 10.00-21.00, prijs boulets à la liégeoise € 15, bus 7 place de la cathédrale

ROUTE 5 > LUIK

㉘ De sfeer in **Le Pot au Lait** is jong en de muziek veelzijdig. Elke centimeter muur is voorzien van schilderingen, kitscherige collages, maskers en andere rariteiten.
rue soeurs-de-hasque 9, www.potaulait.be, telefoon 042220794, open ma-vr 10.00-4.00, za-zo 12.00-4.00, bus 7 place de la cathédrale

㉙ Bij **Get your mug** hebben ze van koffiezetten een ware kunst gemaakt. Naast klassieke smaakjes kun je er ook terecht voor bijvoorbeeld een crème brûlée-koffie of een mochaccino. Daarnaast hebben ze een groot assortiment aan thee, fruitsapjes, donuts en... bagels, dé specialiteit van het huis. Je kunt alles laten inpakken of ter plekke nuttigen in de gezellige coffeecorner.
rue des carmes 17, www.getyourmug.coffee, telefoon 0471908263, open ma-vr 7.00-17.00, za 10.00-18.00, prijs cappuccino € 2,20, bagel vanaf € 3, bus place du vingt août

㉚ De etalage van theesalon **Tea Late** oogt misschien wat kil, maar de inrichting is sprookjesachtig: een heuse ode aan Alice in Wonderland. In een uitermate vrolijk decor vol theepotten, fotolijsten, zwevend meubilair én een Alice-bibliotheek, kun je genieten van een lekkere kop thee of koffie met scones en gebakjes. Hier ontbijten of lunchen is ook een uitstekend idee. Vrijwel alle ingrediënten zijn bio én meestal ook van plaatselijke origine.
rue des carmes 10, fb tealateliege, telefoon 042535153, open wo-za 11.30-19.00, prijs kleine pot thee € 3, pasta € 8, bus place du vingt août

㉜ Een Italiaanse filmklassieker en nu ook de naam van een sympathieke trattoria in Luik: **Accattone**. Hier worden verse pasta's, toast en een wisselend weekmenu geserveerd. Tel daar smaakvolle aperitiefhapjes (wo-do), desserts, stevige koffie en een ongedwongen sfeer bij op, *et voilà*, als dit geen *dolce vita* is... De goedlachse eigenaresse organiseert regelmatig exposities van plaatselijke (bevriende) kunstenaars.
boulevard saucy 13, www.accattonecaffe.be, telefoon 043400363, open di 11.30-14.30, wo-do 11.30-14.30 & 18.00-22.00, vr 11.30-15.00, zo 12.00-15.00, prijs pastaschotel € 11, bus 10, 13 monument tchantchès

㉟ **Le labo 4** is een bijzonder restaurant dat gevestigd is in het voormalige scheikundelokaal van de Luikse universiteit. Het ligt verscholen achter het

Aquarium Museum. De originele inrichting is grotendeels bewaard gebleven, waardoor je tussen de gasbranders en spoelbakken dineert. In de zomer kun je ook op het grote, plantrijke terras genieten van de voornamelijk Franse keuken.
quai édouard van beneden 22, www.lelabo4.be, telefoon 0474090939, open wo-vr & zo 12.00-14.00 & 19.00-22.00, za 19.00-22.00, prijs driegangenmenu € 39, bus 4, 29, 33, 35 pont de longdoz

(39) Net zoals Guillemins zelf, is **Grand Café de la Gare** een fijne plek. De strak vormgegeven ruimte, de gezellige zitjes en de halfopen keuken zorgen voor een bedrijvige, en aangename sfeer. Buiten gestrande treinreizigers verwelkomt het grand café ook een grote schare vaste klandizie. De uitstekende keuken en gevarieerde menukaart spelen hierbij zeker een rol. Vooral tijdens de lunch en in het weekend is het hier druk.
gare des guillemins 20c, www.grandcafedelagare.be, telefoon 042224359, open ma-vr 7.00-21.30, za 9.00-21.30, zo 10.00-21.00, prijs boulets à la liégeoise € 14, trein of bus liège-guillemins

SHOPPEN

(8) Bij de jonge chocolatier Melanie van **Carré Noir** kun je terecht voor heerlijke pralines, truffels, chocoladerepen en bovenal originele creaties. Wat te denken van Russische matroesjka-poppen, hippe snorren of een glimlach van chocolade? Mocht je zelf de handen uit de mouwen willen steken, dan ben je hier aan het juiste adres: Melanie organiseert meerderde malen per maand smakelijke workshops. Geschikt voor jong en oud (groepen tot zestien personen).
en neuvice 33, www.chocolat-carrenoir.be, telefoon 042321013, open di-za 10.00-18.00, zo 10.00-15.00, bus gare léopold of place saint-lambert

(9) **Le Petit Grand Bazar** is hét adres voor foute cadeautjes en souvenirs met een knipoog. Van glitterpumps tot jenever in plastic Mariabeeldjes, van snoep uit grootmoeders tijd tot kalenders met dertien maanden; er is voor ieder budget wel iets te vinden.
en neuvice 32, fb lepetitgrandbazar, telefoon 0477648481, open wo-do 12.30-18.00, za 11.00-18.00, zo 11.00-15.00, bus gare léopold of place saint-lambert

⑩ **Jangala** is dé groene conceptstore van Luik. Naast exotische planten, worden in deze hippe winkel (én kweektuin) kleurrijke bloempotten, boeken en andere hebbedingen verkocht. Je kunt hier ook een creatieve workshop volgen, waarbij je een plantenterrarium of droogboeket leert maken.
en neuvice 28, www.jangala-shop.com, telefoon 043516444, open di-za 10.30-18.00, zo 11.00-15.00, bus gare léopold of place saint-lambert

⑪ De kleurrijke lampen, geometrische wandversiering en houten sieraden die bij **Restore** worden verkocht, zijn voornamelijk van gerecycled (industrieel) restafval gemaakt. Zo koop je niet alleen mooi, betaalbaar en lokaal slowdesign, maar beperk je bovendien je ecologische voetafdruk. Naast de hoofdvestiging En Neuvice heeft Benjamin, de hoofddesigner van al die leuke hebbedingen, ook nog winkels in de Rue des Dominicains.
en neuvice 14, www.restoredesign.be, telefoon 0478208760, open di-wo 12.00-18.00, do-za 10.00-18.00, zo 11.00-15.00, bus gare léopold of place saint-lambert

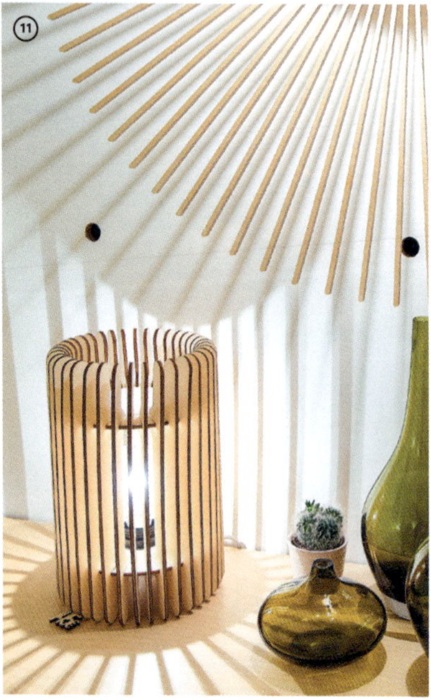
11

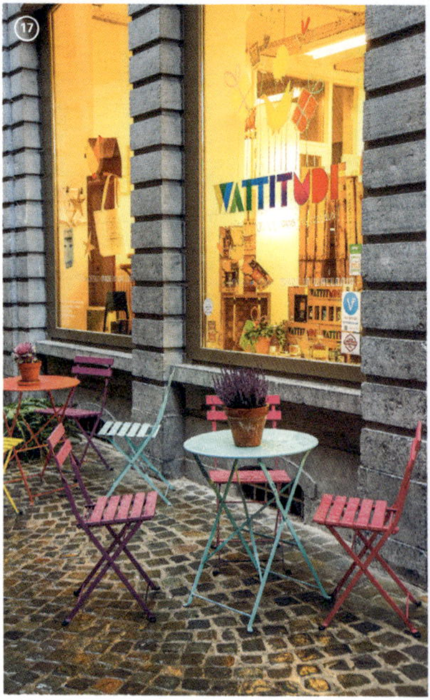
17

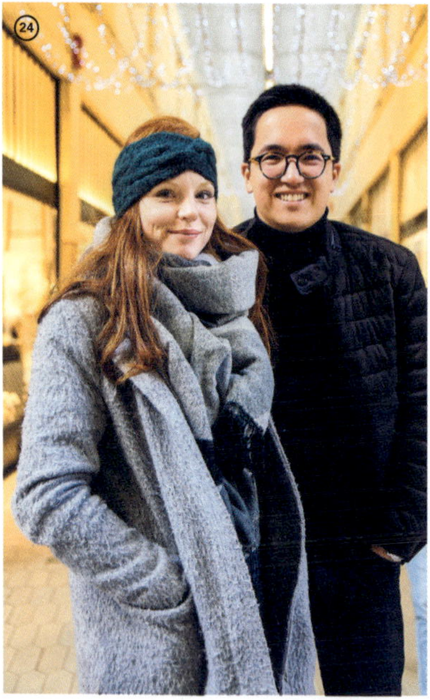
24

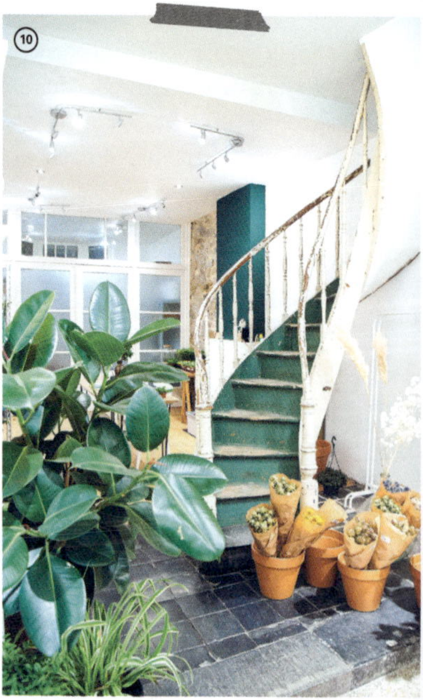
10

ROUTE 5 > LUIK

⑬ Boekhandel **Toutes Directions** is gespecialiseerd in reisgidsen, kookboeken en toeristische informatie over Luik. Deelnemen aan een (vreemde) taaltafel of een fiets huren behoort ook tot de mogelijkheden.
rue de la violette 3, www.toutesdirections.be, telefoon 042622064, open di-za 10.00-18.30, zo 11.00-14.30, bus gare léopold of place saint-lambert

⑭ **Beerlovers** is een walhalla voor iedere zichzelf respecterende bierliefhebber (m/v). Het is de naam van zowel een gespecialiseerde bierwinkel als de gezellige bar die er meteen naast zit. In de winkel worden vijfhonderd soorten bier verkocht en in de bar worden er zo'n 250 geserveerd.
rue de la violette 9, www.beer-lovers.be, telefoon 042213977, open winkel di 12.00-18.00, wo-za 11.00-19.00, bar di vanaf 15.00, wo-zo vanaf 12.00, bus gare léopold

⑰ Van kleurrijke sieraden tot strakke designboeken; alle spullen in lifestylewinkel **Wattitude** zijn 100% Waals én veelal op duurzame wijze vervaardigd. Wattitude vormt het trotse uithangbord van meer dan tweehonderdvijftig jonge, creatieve geesten en eerlijke producenten uit de omgeving. Voor de kleinsten is er Wattitude Kids (Rue Souverain-Pont 19).
rue souverain-pont 7, www.wattitude.be, telefoon 042214476, open di-za 10.30-18.00, bus gare léopold of place saint-lambert

⑱ **Ma Ferme en Ville** haalt het platteland naar de Luikse binnenstad. In de gezellige winkel worden biologische streekproducten verkocht. Het assortiment is deels seizoensgebonden en bestaat naast zuivel, groenten en vlees ook uit minder voor de hand liggende producten, zoals wijn en slakken. Je kunt er tevens een hapje eten. Op het menu staan typische streekgerechten.
rue souverain-pont 34, www.mafermeenville.be, telefoon 042221660, open di-za 9.30-16.00, bus 1 gare léopold

㉔ **Passage Lemonnier** is de oudste winkelgalerij van België. Het gebouw dateert uit 1839 en heeft heel wat metamorfoses doorstaan. Lange tijd was de passage een zorgenkind in de binnenstad, maar menig jonge designer en luxe chocolatier heeft de weg naar Passage Lemonnier intussen weer gevonden.
passage lemonnier 1, www.passagelemonnier.com, open ma-za 10.00-18.00, bus 7 place de la cathédrale

ROUTE 5 > LUIK

㉛ **Meers Café** is al generaties lang een instituut onder Luikse koffieliefhebbers. Specialiteit is arabicakoffie, maar ook voor andere smaken en voor thee ben je aan het juiste adres. Het koekje (lees: Belgische praline) mag natuurlijk niet ontbreken; vraag ernaar als je hier een kopje koffie drinkt.
place cockerill 16, telefoon 042230232, open di-za 8.30-12.30 & 13.30-18.00, bus place du vingt août

LEUK OM TE DOEN

② **Montagne de Bueren** herbergt een indrukwekkende trap van 374 treden, die de binnenstad met de voormalige citadel verbindt. De trap werd in 1880 voltooid en verzekerde een snelle afdaling van de garnizoenen in geval van een invasie. Dit gebeurde eerder via de Rue Pierreuse, iets verderop, maar deze straat bood te veel wereldse verleidingen aan de gehaaste soldaten. Tegenwoordig vormt Montagne de Bueren het stralende middelpunt van La Nocturne des Coteaux, een jaarlijks terugkerend evenement in oktober, waarbij de trap en de omringende straten door duizenden kaarsen worden verlicht.
montagne de bueren, bus 1, 4, 24 rue velbruck

④ De **Coteaux de la Citadelle** beslaan een groen gebied tegen de hellingen van de heuvel waarop ooit de citadel stond. Vijf wandelroutes voeren je over eeuwenoude trappen en bospaadjes, door parken en zelfs langs een weide met schapen. Je hebt hier een mooi uitzicht over de stad. Sommige delen, zoals Les Terrasses des Minimes, zijn alleen overdag toegankelijk.
terrasses des minimes, www.visitezliege.be, telefoon 042219221, open dagelijks 9.00-17.00, bus 1, 4, 24 place du marché

⑲ De **Opéra Royal de Wallonie** is een van de grootste operahuizen van het land. Het elegante gebouw is enkele jaren geleden grondig opgeknapt en kan meer dan duizend bezoekers verwelkomen in de stijlvolle zaal.
place de l'opéra, www.operaliege.be, telefoon 042214722, zie website voor programma en prijzen, bus opéra

374 steps!

36

ROUTE 5 > LUIK

㉑ Bij **Cinéma Sauvenière** worden alle films in originele versie vertoond; vaak mét Nederlandse ondertitels. Op de binnenplaats worden in de zomer gratis filmklassiekers vertoond. Ook staan er regelmatig thema-avonden op het programma en zijn mensen uit de filmindustrie er te gast om hun laatste film nader toe te lichten. In de brasserie worden concerten georganiseerd.
place xavier-neujean 12, www.grignoux.be, telefoon 042222778, open dagelijks, zie website voor programma, entree € 7, bus rue lonhienne of opéra

㉝ **Rue Roture** is een steegje in Outremeuse. Het telt veel gebouwen uit de 17e en 18e eeuw en wordt vooral in het weekend druk bezocht. Dit vanwege de grote verscheidenheid aan restaurants (**Il Contadino**, **La Charbonnade**), cafés (**Café Brasil**, **Le Petit Bougnat**) en concertzaal **Kultura**.
rue roture, bus 10, 13 monument tchantchès of 4 place delcour

㉞ **Pôle Fluviale** is het centrale opstappunt voor diverse boottripjes over de Maas. Daarnaast is het een halte op het traject van La Navette Fluviale. Dat is een pendelboot die van april tot november vaart en een aantal culturele bezienswaardigheden in de stad verbindt. Bewoners gebruiken de pendeldienst ook gewoon als openbaar vervoer, door de lage prijs.
quai édouard van beneden, www.navettefluviale.be, telefoon 042219291, zie website voor openingstijden, prijs navette fluviale € 1 per halte, bus 4, 29, 33, 35 pont de longdoz

㊱ Het **Parc de la Boverie** is al ruim 150 jaar een favoriete zondagmiddagbestemming voor vele Luikenaren. Het herbergt een eendenvijver, een rozentuin, picknickplekken en een kinderspeelplaats. In 1905 vond de Wereldtentoonstelling hier plaats. Het pand van museum La Boverie is het enige resterende gebouw daarvan. In het park staan veel standbeelden en er is zelfs een interactieve kunsttoren, **la Tour cybernétique**.
parc de la boverie, bus 26, 31 place du parc

GENT

BRUISEND & BOURGONDISCH

CITY HIGHLIGHTS
LAKENHAL + KORENLEI EN GRASLEI + SINT-BAAFSKATHEDRAAL + MUSEUM VOOR SCHONE KUNSTEN + BRABANTDAM

DE STAD

Gent is de perfecte stad voor wie houdt van een afwisselende stedentrip. Wandel door de middeleeuwse straatjes van het **Patershol** en laat je verrassen door de talrijke restaurants in de binnenstad. Wie liever de binnenwateren volgt om de stad te leren kennen, vindt die mogelijkheid aan de **Gras- en Korenlei**. In een bootje vaar je op de Leie en Schelde. Eenmaal terug aan wal, heb je vanop de Sint-Michielsbrug een schitterend zicht op 'de torens van Gent'.

Cultuurliefhebbers kunnen hun hart ophalen. In 2020 viert Gent het **Van Eyckjaar**, waarbij de beroemde schilder Jan Van Eyck een jaar lang in de spotlights staat. Breng een bezoekje aan het **MSK**, dat dit jaar met de tentoonstelling 'Van Eyck. Een optische revolutie' de grootste Van Eyck-collectie ooit laat zien. Najaar 2020 opent het gloednieuwe bezoekerscentrum van de **Sint-Baafskathedraal**, waar je onder meer de gerestaureerde panelen van het beroemde veelluik het *Lam Gods* van de gebroeders Van Eyck kunt bewonderen.

In de zomer ontpopt Gent zich tot een absolute feestzone. Op de **Gentse Feesten** kun je tien dagen genieten van optredens en feesten tot de zon opkomt. Maar niet alleen tijdens De Feesten is Gent de place to be. De studentenstad heeft heel wat cafés, uitgaansplekken, hotspots en originele shopadressen die *vree wijs* zijn.

Zowel voor foodies, cultuurliefhebbers als nachtbrakers valt er in Gent heel wat te beleven. Proef een Gentse neus, drink een borrel in het bekende café Charlatan en laat je leiden door de charmes van de stad.

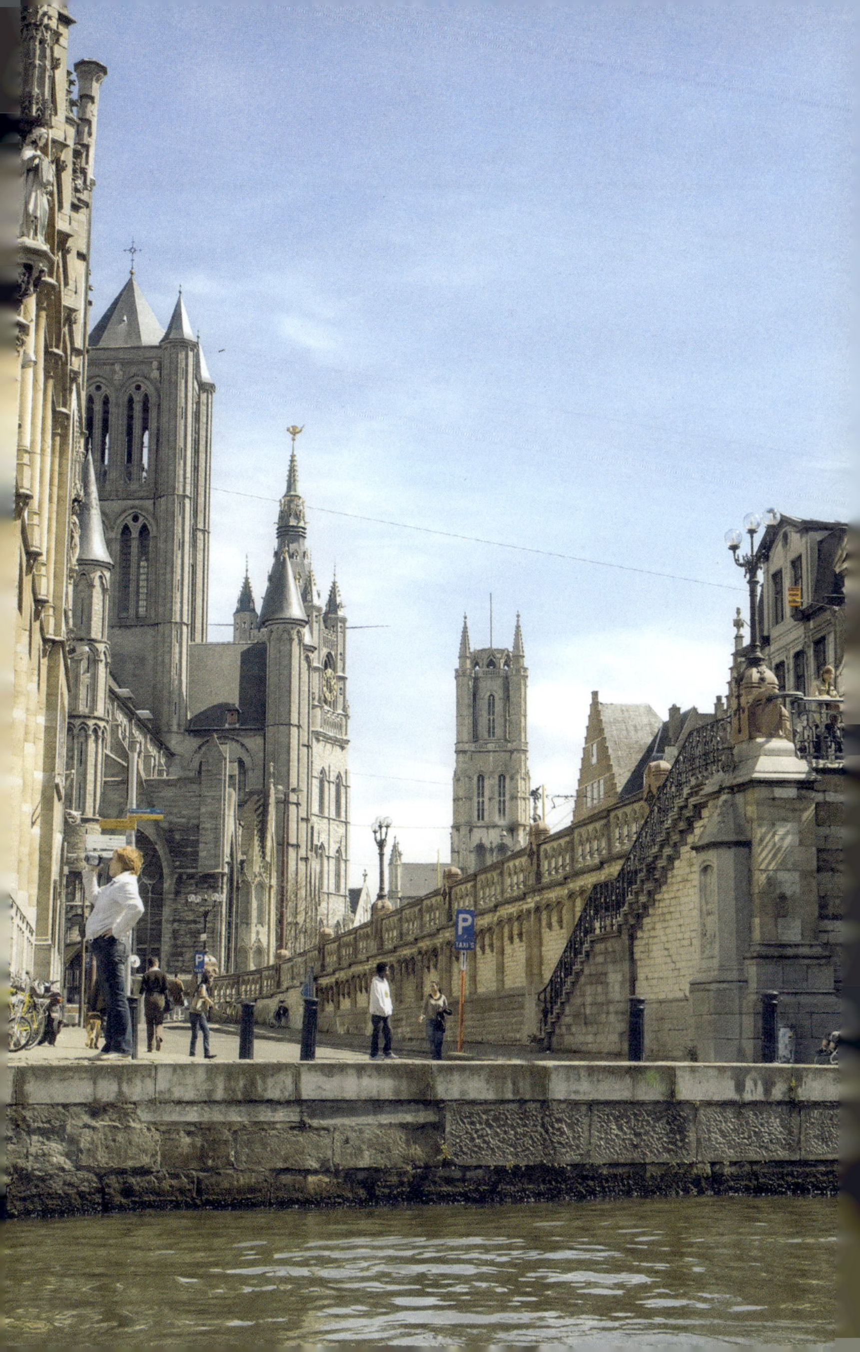
P
TAXI'S

ROUTE 6

HET ZUID & KUNSTENKWARTIER

OVER DE ROUTE

Deze wijk dankt zijn levendige karakter vooral aan de vele studenten die er wonen. Maar er is meer. Centraal vind je het Woodrow Wilsonplein, beter bekend als Het Zuid. Vanaf hier is het centrum bereikbaar via de Vlaanderenstraat, waar iets chiquere winkels, koffiebars en restaurants elkaar opvolgen. In het Citadelpark kun je terecht voor kunst en cultuur in het MSK en het S.M.A.K. Op zondag is er de bloemenmarkt op de Kouter.

DE WIJKEN

Het zuiden van Gent draagt de toepasselijke naam Het Zuid & Kunstenkwartier. Het grote **Woodrow Wilsonplein** heet in de Gentse volksmond 'Het Zuid'. Deze naam verwijst naar de zuidelijke ligging in de stad en naar het kleine station Het Zuid dat hier vroeger lag. Het was het allereerste treinstation van Gent. Inmiddels is het stationsgebouw al jaren geleden uit het stadsbeeld verdwenen. Op het plein vestigden zich verschillende stadsdiensten en stadsbibliotheek **De Krook**, een opvallende verschijning van moderne architectuur in de bocht (*krook*) van de Schelde.

In Het Zuid & Kunstenkwartier vind je de mooiste winkels van Gent. Op de **Brabantdam** slenter je bijvoorbeeld langs de etalages van de duurdere kledingzaken. De **Vlaanderenstraat** kreeg onlangs een grondige opfrisbeurt; hier zijn heel wat nieuwe interieur-, kleding- en accessoirewinkels gevestigd.

In het zuidelijke deel van Gent zijn studenten koning: de **universiteit** en hogescholen met hun verschillende afdelingen zijn in vrijwel alle straten aanwezig. Er zijn ook tal van studentikoze eetadresjes en cafeetjes. Hier merk je duidelijk dat Gent bruist van de energie. Er valt altijd wel iets te beleven en er is een druk uitgaansleven.

ROUTE 6 > GENT

Maar ook op cultureel vlak is er veel te doen. In de buurt van de opera vind je onder andere het theater **Minard** en kunstencentrum **De Vooruit**. Ook de internationaal gerenommeerde musea het **S.M.A.K**. en **MSK** zijn in deze wijken te vinden. Een absolute topper is de zondagse bloemenmarkt op de **Kouter**. Op dit plein slenter je tussen de vele bloemen- en plantenkramen en geniet je van verse oesters met een glaasje champagne.

WEINIG TIJD? DIT ZIJN DE HOOGTEPUNTEN:
ONA + S.M.A.K. + VLAANDERENSTRAAT + KLEIN BEGIJNHOF+ ONZE-LIEVE-VROUWE SINT-PIETERSKERK & SINT-PIETERSABDIJ

TIPS
// Interessante route voor museumliefhebbers
// Sfeer opsnuiven in de studentenbuurt
// Ideaal om te fietsen

Meet the locals

Relax ;-)

125

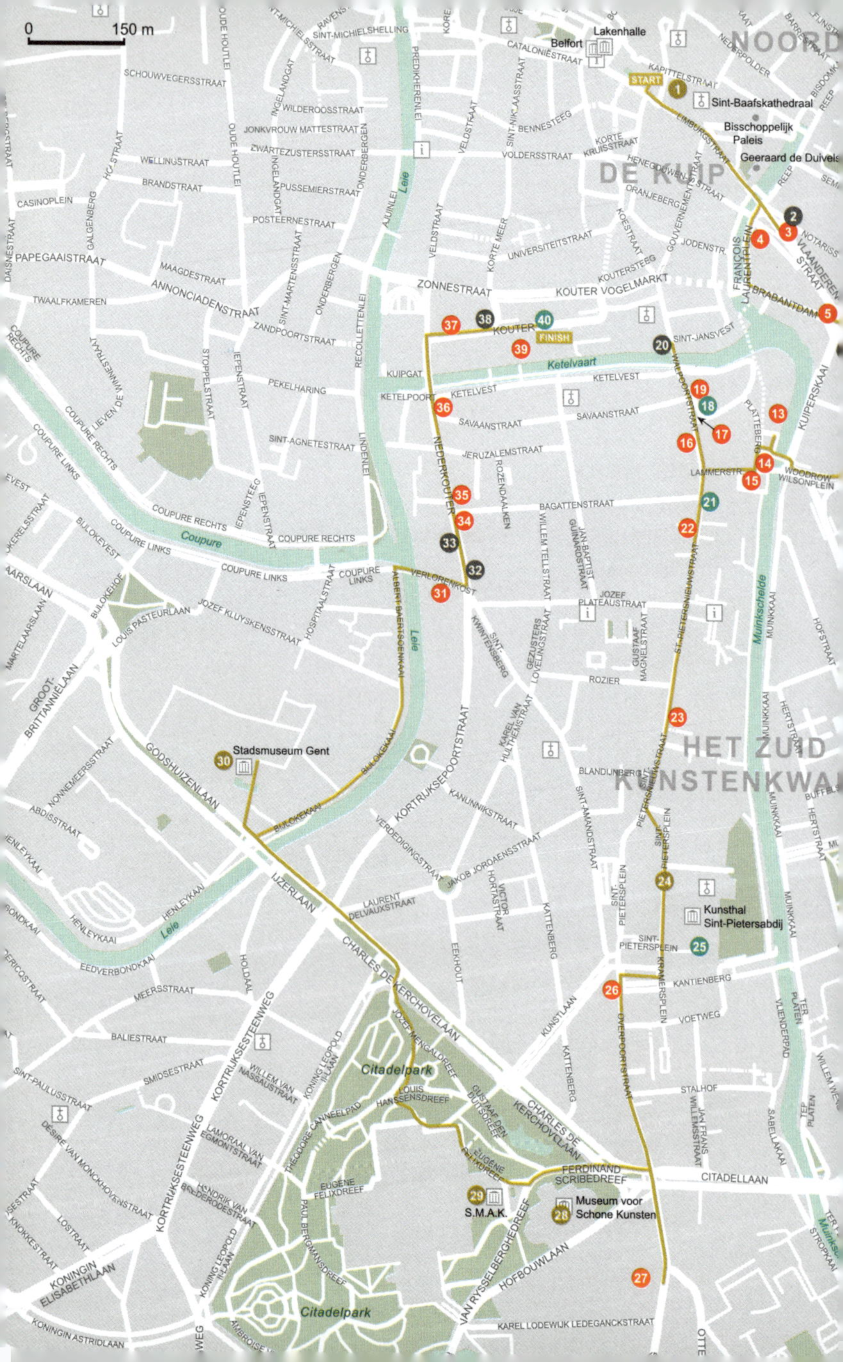

0
150 m
NOORD
DE KUIP
HET ZUID
KUNSTENKWA
Lakenhalle
Belfort
START
FINISH
Sint-Baafskathedraal
Bisschoppelijk Paleis
Geeraard de Duivels
Stadsmuseum Gent
Kunsthal Sint-Pietersabdij
S.M.A.K.
Museum voor Schone Kunsten
Citadelpark
Leie
Ketelvaart
Coupure
Muinkschelde
1
2
3
4
5
13
14
15
16
17
18
19
20
21
22
23
24
25
26
27
28
29
30
31
32
33
34
35
36
37
38
39
40
SINT-MICHIELSHELLING
SINT-MICHIELSSTRAAT
SCHOUWVEGERSSTRAAT
OUDE HOUTLEI
PREDIKHERENLEI
CATALONIESTRAAT
KAPITTELSTRAAT
LIMBURGSTRAAT
NEDERPOLDER
WILDEROOSSTRAAT
JONKVROUW MATTESTRAAT
INGELANDGAT
ZWARTEZUSTERSSTRAAT
ONDERBERGEN
WELLINGSTRAAT
BRANDSTRAAT
PUSSEMIERSTRAAT
CASINOPLEIN
GALGENBERG
POSTEERNESTRAAT
PAPEGAAISTRAAT
MAAGDESTRAAT
ANNONCIADENSTRAAT
TWAALFKAMEREN
ZANDPOORTSTRAAT
SINT-MARTENSSTRAAT
AJUINLEI
VELDSTRAAT
SINT-NIKLAASSTRAAT
BENNESTEEG
VOLDERSSTRAAT
KORTE KRUISSTRAAT
HENEGOUWENSTRAAT
ORANJEBERG
GOUVERNEMENTSTRAAT
KOESTRAAT
UNIVERSITEITSTRAAT
KORTE MEER
JODENSTR.
NOTARISS
VLAANDERENSTRAAT
FRANCOIS LAURENTPLEIN
BRABANTDAM
ZONNESTRAAT
KOUTER
KOUTER VOGELMARKT
KOUTERSTEEG
SINT-JANSVEST
KUIPGAT
KETELPOORT
KETELVEST
SAVAANSTRAAT
WALPOORTSTRAAT
PLATTEBERG
KUIPERSKAAI
JERUZALEMSTRAAT
NEDERKOUTER
ROZENDAALKEN
LAMMERSTR.
WOODROW WILSONPLEIN
PEKELHARING
SINT-AGNETESTRAAT
LINDENLEI
RECOLLETTENLEI
STOPPELSTRAAT
IEPENSTRAAT
IEPENSTEEG
COUPURE RECHTS
COUPURE LINKS
LIEVEN DE WINNESTRAAT
BIJLOKEVEST
BAGATTENSTRAAT
WILLEM TELLSTRAAT
JAN-BAPTIST GUINARDSTRAAT
SINT-PIETERSNIEUWSTRAAT
VERLORENKOST
COUPURE LINKS
HOSPITAALSTRAAT
JOZEF KLUYSKENSSTRAAT
LOUIS PASTEURLAAN
BIJLOKEHOF
JOZEF PLATEAUSTRAAT
GUSTAAF MAGNELSTRAAT
MUINKKAAI
HOFSTRAAT
SINT-KWINTENSBERG
GEZUSTERS LOVELINGSTRAAT
ROZIER
ALBERT BAERTSOENKAAI
BIJLOKEKAAI
GROOT-BRITTANNIELAAN
MARTELAARSLAAN
GODSHUIZENLAAN
NONNEMEERSSTRAAT
ABDISSTRAAT
KORTRIJKSEPOORTSTRAAT
KAREL VAN HULTHEMSTRAAT
BLANDIJNBERG
SINT-PIETERSNIEUWSTRAAT
SINT-AMANDSTRAAT
HERTSTRAAT
BUFFEL
KANUNNIKSTRAAT
VERDEDIGINGSSTRAAT
JAKOB JORDAENSSTRAAT
VICTOR HORTASTRAAT
SINT-PIETERSPLEIN
IJZERLAAN
HENLEYKAAI
LAURENT DELVAUXSTRAAT
KATTENBERG
CHARLES DE KERCHOVELAAN
EEKHOUT
HOLDAAL
EEDVERBONDKAAI
MEERSSTRAAT
KRAMERSPLEIN
KANTIENBERG
VOETWEG
OVERPOORTSTRAAT
KUNSTLAAN
BALIESTRAAT
KORTRIJKSESTEENWEG
JOZEF MENGALDREEF
KONING LEOPOLD II-LAAN
WILLEM VAN NASSAUSTRAAT
SMIDSESTRAAT
SINT-PAULUSSTRAAT
LOUIS HANSSENSDREEF
GUSTAAF DEN DUITSDREEF
THEODORE CANNEELPAD
STALHOF
JAN FRANS WILLEMSSTRAAT
SABELLAKAAI
VLIENDERPAD
TER PLATEN
DESIRE VAN MONCKHOVENSTRAAT
LAMORAAL VAN EGMONTSTRAAT
EUGENE DE LIKUREE
FERDINAND SCRIBEDREEF
CITADELLAAN
EUGENE FELIXDREEF
HENDRIK VAN BREDERODESTRAAT
PAUL BERGMANSDREEF
VAN RYSSELBERGHEDREEF
HOFBOUWLAAN
KONINGIN ELISABETHLAAN
LOSTRAAT
KNOKKESTRAAT
KONINGIN ASTRIDLAAN
AMBROISE
KAREL LODEWIJK LEDEGANCKSTRAAT
OTTE
STROPKAAI

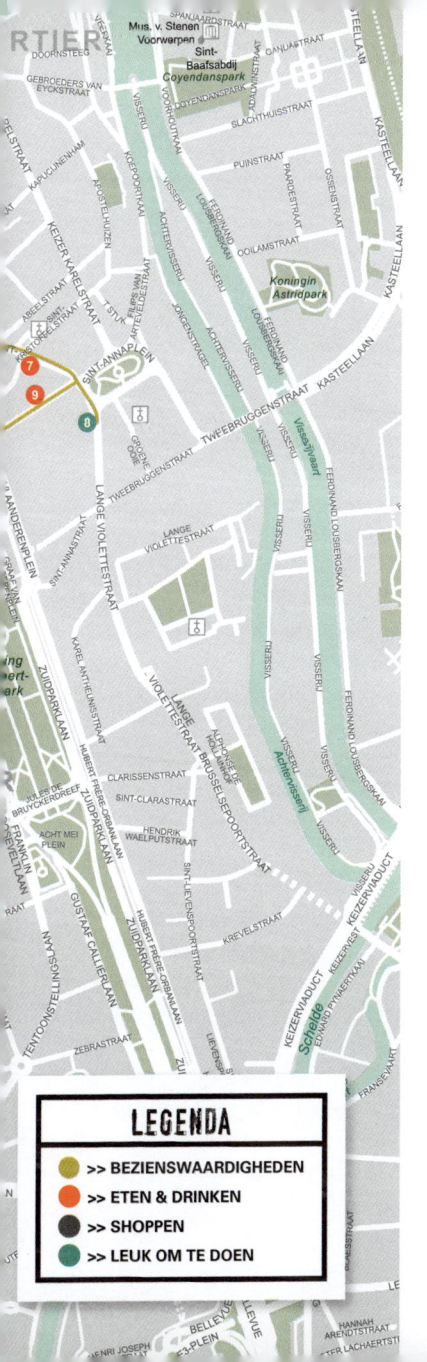

GENT

1. Sint-Baafskathedraal
2. TWIGGY
3. Den Hoek Af
4. Faja Lobi
5. Barista
6. O'yo
7. Lokaal
8. Studio Skoop
9. Faim Fatale
10. Martino
11. Walk the Line
12. Koning Albertpark
13. Krookcafé
14. Soep+
15. Aywa Beirut Streetfood
16. Trattoria della mamma
17. Marimain
18. Minardschouwburg
19. Pain Perdu
20. BLAUMUNT
21. Café Vooruit
22. OR Coffee Bar
23. Mayana
24. Onze-Lieve-Vrouw Sint-Pieterskerk / Sint-Pietersabdij
25. Tuin van de Sint-Pietersabdij
26. Rock Circus
27. La Boucherie
28. MSK
29. S.M.A.K.
30. STAM
31. Bar Belien
32. STEK
33. Curiosa & co
34. ONA
35. Huzaar
36. Romain Roquette
37. Café des Arts
38. Paard van Troje
39. Brasserie HA'
40. Bloemenmarkt

LEGENDA

- \>\> BEZIENSWAARDIGHEDEN
- \>\> ETEN & DRINKEN
- \>\> SHOPPEN
- \>\> LEUK OM TE DOEN

ROUTE 6 > GENT

ROUTEBESCHRIJVING 6 (ca. 6,5 km)

Start de wandeling bij de monumentale Sint-Baafskathedraal ❶. Wandel via de Limburgstraat weg van de kathedraal. Een stukje verderop vind je in de Notarisstraat een stijlvolle kledingzaak ❷. Op de hoek met de Vlaanderenstraat zit een fijne aperitiefplek ❸ en er tegenover ligt een Surinaams eetcafé ❹. Keer terug naar het François Laurentplein, sla links de Brabantdam in met een koffiebar ❺, een ontbijtzaak ❻ en een vegetarisch restaurant ❼. Ga naar het Sint-Annaplein voor een bioscoopbezoekje ❽. Keer terug en loop links de Zuidstationstraat in waar je kunt lunchen of dineren ❾. Sla rechts de Vlaanderenstraat in waar je een ander eetadres vindt ❿ en een schoenenwinkel ⓫. Keer terug, steek het plein over en wandel door het park ⓬. Ga terug, steek het brugje over en je ziet de nieuwe stadsbibliotheek op je rechterkant met een eet- en leescafé ⓭. In de Lammerstraat zitten verschillende leuke lunchplekjes om even tot rust te komen ⓮ ⓯. Sla rechtsaf de Walpoortstraat in. Hier vind je enkele populaire eet- en drinkadresjes ⓰ ⓱ ⓳, de Minardschouwburg ⓲ en een leuke boetiek ⓴. Wandel de Sint-Pietersstraat in, waar de Vooruit ligt ㉑. Schuin tegenover de Vooruit is een koffiebar ㉒ en verderop zie je een chocoladebar ㉓. Bekijk op het Sint-Pietersplein de Onze-Lieve-Vrouw Sint-Pieterskerk en de abdij ㉔ en breng een bezoekje aan de abdijtuin ㉕. Ga naar de Overpoortstraat, dé uitgaansstraat voor Gentse studenten, en drink een biertje in een speciaalbiercafé ㉖. Steek de Heuvelpoort over, wandel via de Normaalschoolstraat de Zwijnaardsesteenweg in en geniet van een glas wijn met lekkers ㉗. Keer een stukje terug en wandel via de Fernand Scribedreef naar het Citadelpark met het Museum voor Schone Kunsten ㉘, en het S.M.A.K. ㉙. Wandel door het park. Steek de Charles de Kerckhovelaan over. Wandel tot je rechts de Bijlokesite met Stadsmuseum STAM ㉚ ziet. Volg de Bijlokekaai en sla aan de Verlorenkost rechtsaf. Hier zie je een leuk cafeetje ㉛. Wandel links de Nederkouter op. Je loopt langs een koffiebar waar je kamerplanten kunt kopen ㉜, een juwelenwinkeltje ㉝, leuke adresjes voor een avondje stappen ㉞ ㉟ en een saladebar ㊱. Loop over de Ketelbrug en sla rechtsaf naar de Kouter. Boek een tafel bij een gezellig eetadresje ㊲ ㊳. Breng een bezoekje aan de leukste boekenwinkel van Gent ㊳ en drink er een koffie als je tijd hebt. Op zondag kun je op de Kouter de bloemenmarkt bezoeken ㊴.

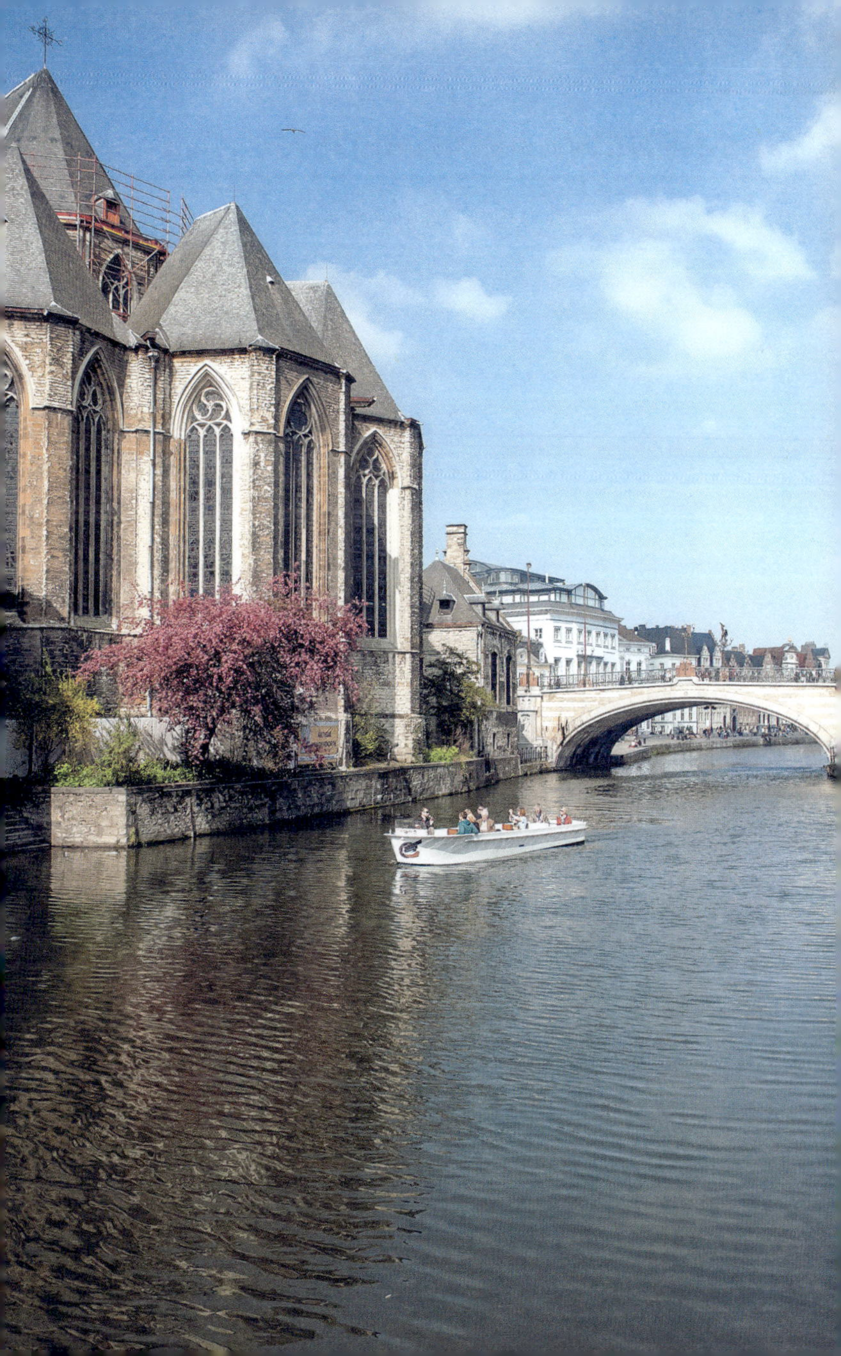

BEZIENSWAARDIGHEDEN

① De geschiedenis van de **Sint-Baafskathedraal** startte in 942. Tot het begin van de 17e eeuw werd de kathedraal geteisterd door branden, beeldenstormen en vernielingen. De kerk werd telkens weer opgebouwd, steeds groter. Indrukwekkend is de driebeukige ruimte met koor, dwarsbeuk, kooromgang en kranskapellen. Er zijn veel kunstwerken in de Sint-Baafskathedraal ondergebracht, waaronder in de Doopkapel het wereldberoemde veelluik het *Lam Gods* van de gebroeders Van Eyck. Najaar 2020 opent er een gloednieuw bezoekerscentrum in de kathedraal.

sint-baafsplein, www.sintbaafskathedraal.be, open apr-okt ma-za 8.30-18.00, zo 13.00-18.00, nov-mrt ma-za 8.30-17.00, zo 13.00-17.00, entree € 4, tram 4 duivelsteen

㉔ Midden in de studentenbuurt, op een plein, staat de **Onze-Lieve-Vrouw Sint-Pieterskerk**. Deze barokke kerk is in 1629 boven op de funderingen van een vroegere romaanse abdijkerk gebouwd. Vlak ernaast ligt de **Sint-Pietersabdij**. De gebouwen met romaanse, gotische, renaissance- en barokelementen tonen de bloei- en wederopbouw die de abdij sinds de stichting in de 7e eeuw heeft doorgemaakt. De abdij fungeert nu als kunsthal.

sint-pietersplein 9, www.sintpietersabdijgent.be, telefoon 092439730, open di-zo 10.00-18.00, entree € 5, bus 5 sint-pietersplein

㉘ Het **Museum voor Schone Kunsten** (MSK) is opgericht in 1798 en is daarmee een van de oudste musea van België. Het gebouw dateert van 1902 en is een paar jaar geleden compleet gerenoveerd. Er is een permanente tentoonstelling van ongeveer 350 schilderijen, beelden, wandtapijten, tekeningen en grafiek van de middeleeuwen tot de eerste helft van de 20e eeuw. De restauratie van het *Lam Gods* werd sinds 2012 publiekelijk in het MSK uitgevoerd en is inmiddels afgerond. In het Van Eyckjaar kun je hier de grootste Jan Van Eyck-tentoonstelling ooit bezoeken.

fernand scribedreef 1, citadelpark, www.mskgent.be, telefoon 092400700, open di-vr 9.30-17.30, za-zo 10.00-18.00, entree € 8, bus 5 heuvelpoort

㉙ In het Stedelijk Museum voor Actuele Kunst, kortweg **S.M.A.K.**, vind je nationale en internationale kunstwerken van 1945 tot nu. De vaste collectie

S.M.A.K.

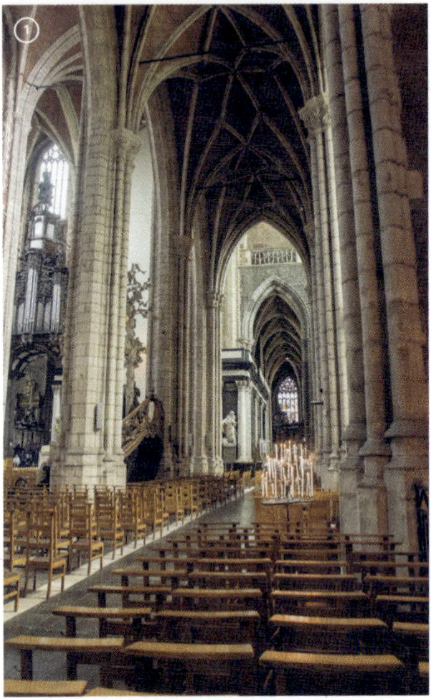
1

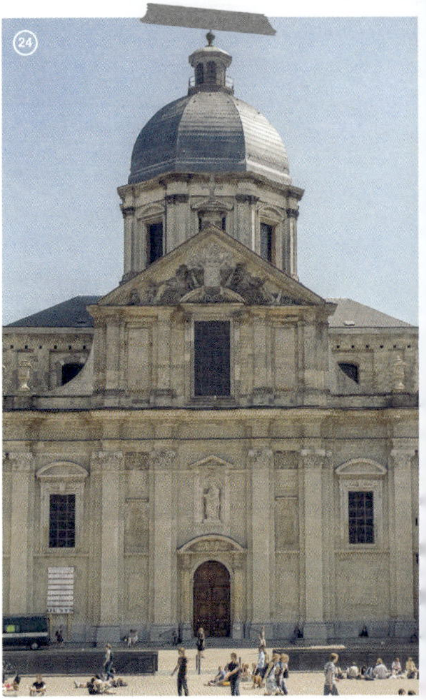
24

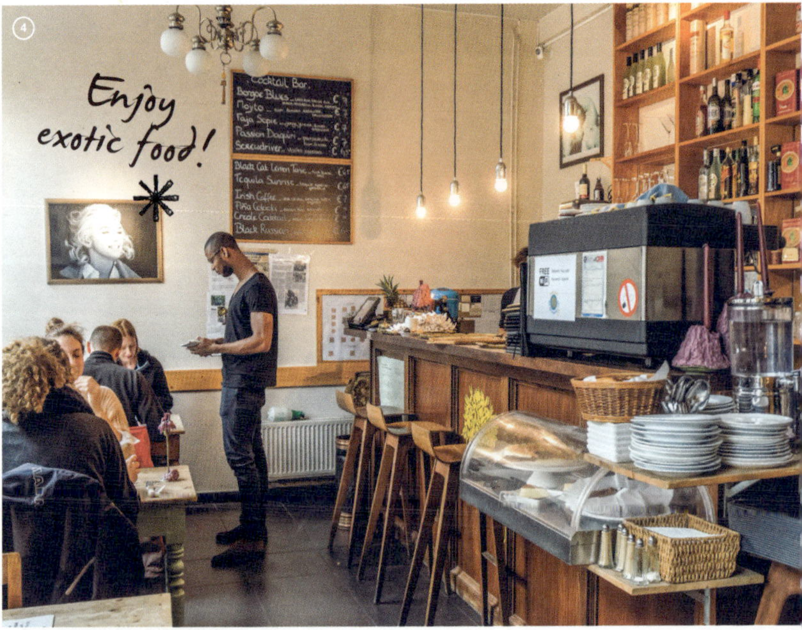
4
Enjoy exotic food!

omvat meer dan tweeduizend werken, waarvan telkens een klein aantal in combinatie met een tijdelijke tentoonstelling te zien is.
jan hoetplein 1, www.smak.be, telefoon 092407601, open di-zo 9.30-17.30, entree € 8, bus 55 ledeganckstraat

(30) In het **STAM**, het Stadsmuseum, kom je alles te weten over Gent van vroeger tot nu. Zo zie je op een grote plattegrond de exacte weergave van alle straten. Kinderen kunnen met legoblokjes belangrijke gebouwen uit de stad nabouwen. Ook vind je op het terrein het **Muziekcentrum De Bijloke**. In het **STAMcafé** is het onder andere mogelijk om te ontbijten, alvast een leuk idee op zondagochtend. Je wordt hier in de watten gelegd met lekkers van Pain Perdu.
bijlokesite, godshuizenlaan 2, www.stamgent.be, telefoon 092671400, open ma-di & do-vr 9.00-17.00, za-zo 10.00-18.00, entree € 8, tram bijlokehof

ETEN & DRINKEN

(3) Ga langs bij **Den Hoek Af** om heerlijk uitgebreid te ontbijten. Iets later op de dag ben je welkom voor de lunch, je kunt er onder andere belegde toast krijgen en soep. In de namiddag is er koffie en thee en heerlijke taart van Les Tartes Françoise, die je op een steenworp afstand van dit adres vindt. In de zomer is het een uitgelezen plaats om van een aperitief te genieten op het terras. Als het buiten koud is, kun je de gezelligheid binnen opzoeken.
vlaanderenstraat 1, fb denhoekaf, open ma-vr 8.00-19.00, za-zo 9.00-19.00, tram 4 duivelsteen

(4) Op zoek naar een exotische hap? Dan ben je bij **Faja Lobi** met hun Surinaamse keuken aan het goede adres. Je kunt er onder andere broodjes, linzensoep of Creoolse kip met *pomtayer* (wortel van Surinaamse plant waarvan een pasta wordt gemaakt) krijgen. In de zomer is het leuk vertoeven op het terras aan een gezellig pleintje. Bij Faja Lobi heerst een ongedwongen sfeer. Er is ook een bed & breakfast.
vlaanderenstraat 2, www.fajalobi.be, telefoon 092235533, open ma-zo 8.00-1.00, prijs € 15, tram 4 duivelsteen

ROUTE 6 > GENT

⑤ Pal op een hoek zit **Barista**. Hier kun je terecht voor een goed ontbijt, biobroodjes, salades of een echte Italiaanse koffie met *biscotti*. Neem achteraf een biologisch en artisanaal broodje mee. Werp een blik op de muren en geniet van een streepje kunst. Dit is een heerlijke plek om te dagdromen aan het raam.
hippoliet lippensplein 25, www.mybarista.be, telefoon 488469830, open ma-vr 8.00-18.00, za 9.30-18.00, prijs ontbijt € 10, tram 1, 4 lippensplein

⑥ Op de Brabantdam vind je dé plek die luistert naar jouw buikgevoel. Bij **O'yo** kan je terecht voor een (h)eerlijk ontbijt of lunch. Er zijn diverse *yoghurt bowls*, glutenvrije pannenkoeken, vegan gebak en ander lekkers in de aanbieding. Als je het zelf moeilijk hebt om te kiezen, krijg je persoonlijk advies. *Just follow your gut!*
brabantdam 82, oyobar.be, telefoon 093107029, open ma-di & do-vr 8.30-18.30, za-zo 9.00-18.00, prijs lunch € 12, tram 2 lippensplein

⑦ **Lokaal** biedt de bewuste fijnproever verse en huisbereide lokale vegetarische gerechten. Dit vegetarische eet- en theehuis wil zijn klanten een betaalbare en bewuste maaltijd aanbieden. Eigenaar Arno vindt zijn passie in het delen van bewust en ecologisch eten. Lokaal bevindt zich op het einde van het Gentse Glazen Straatje, maar laat dat je niet tegenhouden om te komen genieten van een (h)eerlijk bord gezond.
brabantdam 100, fb lokaalgent, telefoon 0477199544, open di-za 11.30-21.00, prijs salade € 7, tram 2 lippensplein

⑨ Kom stijlvol lunchen bij Bert en Tom in **Faim Fatale**. 's Middags kun je kiezen uit twee wisselende suggesties. Denk aan gerechten als witlofsoep, eendenborst met aardpeer en pompoen of zeebaars met seizoensgroenten. Zin om uitgebreid te dineren? Dat kan ook. Kies à la carte of laat je verrassen door Tom.
zuidstationstraat 14, www.faimfatale.be, telefoon 092690448, open di-vr 12.00-14.00 & 18.30-21.30, za 18.30-21.30, prijs lunch € 19,50, tram 4 zuid

⑩ **Martino** is dé plaats in Gent waar je ook voor een *late evening dinner* terechtkunt. Op de kaart staan pasta's, omeletten, hamburgers, pizza's en steaks.
vlaanderenstraat 125, telefoon 092250104, open wo-zo 18.00-1.00, prijs € 16, tram 4 zuid

⑬ De Krook is sinds maart 2017 de nieuwe stadsbibliotheek van Gent. Veel meer dan een bibliotheek, is dit een ontmoetingsplaats en een fascinerend gebouw in het hart van de stad. Het **Krookcafé** bevindt zich achter in de bieb. Chef Jo zorgt voor lekkers. Je kunt hier terecht voor het ontbijt of voor de lunch. Tip bij zonnig weer: je kunt aperitieven op het zonneterras recht tegenover de stadsbibliotheek

miriam makebaplein 1, www.krookcafe.be, open ma-wo & vr-za 10.00-19.00, do 10.00-21.00, prijs salade € 12,50, bus 5 zuid

⑭ Voor een lichte lunch zit je in soepbar **Soep+** helemaal goed. Elke dag heb je hier de keuze uit een viertal vers gemaakte soepen, die variëren van tomatensoep tot knolselderij-appel-currysoep. Geen trek in soep? Er is ook een uitgebreide kaart met diverse salades en belegde broodjes. Of neem de quiche van de dag.

lammerstraat 33, www.soepplus.be, telefoon 092231688, open ma-vr 10.00-16.00, za 11.00-16.00, prijs grote portie soep € 5,50, broodje € 6, tram 4 zuid

17

STELLA
ARTOIS
MARIMAIN
STELLA
ARTOIS
VEDETT
MARIMAIN
VEDETT
BON JOVI

ROUTE 6 > GENT

(15) Bij **Aywa Beirut Streetfood** staat de Libanese keuken centraal. Ga voor een bord *mezze*, falafel of eentje met aubergine. Vul je keuze aan met enkele bites. Je kan ook zelf een mix van dips, hapjes en salades bestellen. In een kleurrijk interieur met hangende theekannetjes en Oosterse muziek komen de smaken goed tot hun recht.

lammerstraat 12, fb aywabeirutstreetfood, telefoon 092343420, open di-do 12.00-15.00 & 17.30-21.00, vr-za 12.00-21.00, prijs falafel plate € 10, tram 4 zuid

(16) Bij **Trattoria della mamma** proef je de echte Italiaanse keuken. Achter in de zaak kun je terecht voor een snelle lunch aan een van de tafeltjes met rood-witgeblokte kleedjes. Probeer een heerlijke pasta, vers bereid door *la mamma*. Of ga voor een van de vier dagschotels. Een aperitiefje met antipasti kan natuurlijk ook. Bovendien kun je wat lekkers meenemen voor thuis: Trattoria della mamma is ook een traiteur annex delicatessenzaak.

sint pietersnieuwstraat 36, www.trattoriadellamamma.be, telefoon 092341701, open ma-do 11.00-18.00, vr-za 10.00-18.00, prijs broodje € 3,80, pasta € 12, tram 4 zuid

(17) Vlak naast schouwburg Minard, op een gezellig plein, ligt het bruine café **Marimain**. De ideale plek om samen met de vele studenten 's avonds een pintje te pakken of lang na te praten op het ruime terras.

walpoortstraat 17, telefoon 093243766, open ma-vr 15.00-2.00, za-zo 12.00-14.00, prijs drankje € 2, tram 4 zuid

(19) In Gent vind je veel 'ontbijthuisjes': plekken waar je 's ochtends vroeg al terechtkunt voor een goed en vers ontbijt. **Pain Perdu** is er zo eentje. De ongedwongen sfeer zorgt ervoor dat je gemakkelijk aanschuift bij de andere gasten aan de lange, houten tafel. Maar zit je liever aan een apart tafeltje, dan kan dat ook. Je ontbijt stel je helemaal zelf samen. In de zomer kun je lekker in de tuin ontbijten. Wandel je wat later op de dag langs? Bij Pain Perdu kun je ook lunchen en brunchen.

walpoortstraat 9, www.painperdugent.be, telefoon 092241825, open ma-vr 9.00-17.00, za 9.00-18.00, zo 9.00-15.00, prijs ontbijt € 11, tram 4 zuid

(22) Bij **OR Coffee Bar** drink je koffie van topkwaliteit. De bonen worden gebrand in de eigen koffiebranderij in Wetteren. 's Middags serveren ze typisch New

ROUTE 6 > GENT

Yorkse bagels met cream cheese en gerookte zalm. Of bestel een lekker taartje bij je perfect bereide cappuccino.
sint-pietersnieuwstraat 126a, www.orcoffee.be, telefoon 093620540, open ma-vr 7.30-18.00, za 9.00-17.30, zo 10.00-17.30, prijs koffie € 2,50, tram 4 zuid

(23) Chocoladebar **Mayana** is de uitgelezen plek om je te laten verwennen met een heerlijke kop warme chocolademelk. Neem plaats aan de lange tafel voor het raam met je kopje bruin goud en sla de (fietsende) studenten gade. Probeer in de zomer zeker de chocolademilkshake. Kies hiervoor uit vier verschillende chocoladesmaken. Ook de chocoladefondue is de moeite waard.
sint-pietersnieuwstraat 99, www.mayana.be, telefoon 0497403404, open ma-do 8.00-0.00, vr 8.00-18.00, prijs chocolademelk € 3,50, bus 5 blandijnberg

(26) Op zoek naar een origineel café met bier op de tap? **Rock Circus** is een bezoekje aan de Overpoortstraat meer dan waard. Deze straat is vooral bekend door de vele cafés en is de plaats bij uitstek voor veel studenten om een nacht te feesten. Bij Rock Circus kan je de avond starten en kiezen uit een van de zestig bieren op tap. Op de achtergrond hoor je een streepje rockmuziek.
overpoortstraat 22, fb rockcircusghent, open ma-vr 17.00-4.00, za 20.00-4.00, prijs speciaalbier € 5, bus 5 sint-pietersplein

(27) Bij **La Boucherie** geniet je van een lekker glas wijn… én vooral van de smaakvolle vleesjes. In dit eerste conceptrestaurant van Bar Jeanne staat vlees centraal. Je kunt kiezen tussen twaalf verschillende stukken vlees of voor de niet-vleesliefhebbers: zeetong of Bressekip.
zwijnaardsesteenweg 6, www.barjeannegent.be, telefoon 093988109, open ma-vr 18.30-22.30, bus 5 ottergemsesteenweg

(31) Vanaf de namiddag kun je bij **Bar Belien** terecht voor een hapje en een drankje. Dit sfeervolle cafeetje dankt zijn naam aan gastvrouw Barbelien Ulijn. Kom hier langs voor een koffie in de namiddag, een aperitiefje in de vooravond of voor een cocktail in de latere uurtjes. Voor wie wil zijn er heerlijke bar bites.
verlorenkost 9, www.bar-belien.be, open di-do 14.00-0.00, vr-za 15.00-2.00, bus 6 plateaustraat

(34) Wijnbar **ONA** opende haar deuren in juni 2015. Ona en Arne zijn jonge ondernemers die met passie vertellen over de biologische, eerlijke wijnen op hun kaart. Het aanbod is met zorg en liefde samengesteld. Als je graag wat meer te weten komt over wijn, dan kun je je inschrijven voor een van de proeverijen. Ona en Arne leren je proeven, vertellen wat het proces is van druif tot drank en op het einde krijg je een glaasje van je favoriete wijn. Santé!
nederkouter 71, www.ona.gent, telefoon 0473288066, open wo-za 14.00-23.00, zo 12.00-20.00, prijs glas wijn € 4, tram 1 verlorenkost

(35) Wie zin heeft in een gezellige en rustige avond op café is bij **Huzaar** aan het juiste adres. Dit bruine café vind je op de bruisende Nederkouter en heeft een terras aan de achterkant. Er staan kleine snacks op de kaart. Een avondje tooghangen of chillen op het terras, ideaal in Huzaar.
nederkouter 67, fb huzaar, telefoon 0479319959, open ma-do 16.00-1.00, vr-za 16.00-2.00, prijs € 19, tram 1 savaanstraat

㊱ Saladebar **Romain Roquette** is het resultaat van jarenlange passie voor gezond eten. Zin in een lichte, verrassende lunch? Hier moet je zijn! Kies voor een seizoensgebonden salade, nestel je neer in het lichte interieur of neem je *salad bowl* mee. De lunch wordt bereid achter de toog. Er is ook verse dagsoep.
nederkouter 7, www.romain-roquette.be, telefoon 0472263647, open ma-do 11.00-15.30 & 17.30-19.30, vr-za 11.00-15.30, prijs grote salade € 12, tram 1 savaanstraat

㊲ **Café des Arts** is een van die adresjes in Gent die je zeker zullen bijblijven. De kaart is gevarieerd, zodat iedereen wel iets naar zijn zin vindt. De bediening is snel, de sfeer gezellig en warm door het vele hout, en het eten is lekker en betaalbaar.
schouwburgstraat 12, telefoon 092257906, open ma 11.30-18.00, di-do & zo 11.30-22.00, vr-za 11.30-23.00, prijs € 16, tram 1 zonnestraat / korte meer

㊳ Lekker dineren doe je bij **Brasserie HA'**. Op de kaart staan traditionele brasseriegerechten, zoals garnaalkroketjes, steak met frietjes, salades en pasta's. Je kunt er overigens ook ontbijten en lunchen. Op zondag kun je aanschuiven

ROUTE 6 > GENT

bij het uitgebreide ontbijtbuffet (wel even reserveren). De brasserie hoort bij **Kunstenhuis HA' Handelsbeurs**. Hier worden het hele jaar door concerten en voorstellingen georganiseerd.

kouter 29, www.brasserieha.be, telefoon 092659181, open ma-za 12.00-14.30 & 18.00-22.00, zo 9.00-12.00, prijs € 19, tram 1 zonnestraat / korte meer

SHOPPEN

② Kom langs bij **TWIGGY** voor een stijlvolle outfit. In het klassevolle herenhuis waar de winkel is gehuisvest, vind je zowel voor vrouwen als voor mannen originele en elegante kledij. Barbara en Yves zijn steeds op de hoogte van de nieuwste trends en hun professionele team helpt je graag. Wandel door de drie verdiepingen vol prachtig textiel, gerangschikt volgens kleur. Geniet op de benedenverdieping van een kop koffie in de koffiebar en kom even tot rust op het sfeervolle terras.

notarisstraat 3, www.twiggy.be, telefoon 092239566, open ma-di & vr-za 10.00-18.00, do 10.00-20.00, tram 4 duivelsteen

⑪ Voor een nieuw paar schoenen loop je best even binnen bij **Walk the line**. Hier vind je zowel schoenen voor hem als voor haar. Er is een ruim aanbod aan Europese merken en bovendien is alles in de winkel te koop. Walk the line kiest voor brands met een identiteit.

vlaanderenstraat 90, www.walktheline.shoes, telefoon 092871395, open 13.00-18.00, wo-za 10.30-18.00, tram 2 lippensplein

⑳ **BLAUMUNT** is een samenvoeging van *blau* ('blauw' in het Catalaans) en mintgroen. Blauw verwijst voor Roser Mallorqui naar de hemel en mintgroen naar de Middellandse Zee, waar haar roots liggen. Zo ervaar je in deze zaak een mix van Rosers Spaanse roots en de Noorse zuiverheid, wat zich vertaalt in een eigentijds kledingaanbod met vrouwelijke toets. Bij BLAUMUNT vind je jonge merken en Spaanse ontwerpers terug en kun je onder andere kiezen uit merken als Anecdote, Acoté, Intropia, Diarte en Poe.

kortedagsteeg 42, fb blaumunt, telefoon 093951400, open ma 14.00-18.00, di-za 10.00-18.30, tram 1 zonnestraat / korte meer

ROUTE 6 > GENT

㉜ Op de Nederkouter biedt **STEK** heel wat mogelijkheden. Kom langs en ga op zoek naar je favoriete kamerplant. Bestel een koffie en kijk wat rond. Wedden dat er plots een plantje in het oog springt? Bij STEK kun je heerlijk relaxen, lekker lunchen, genieten van een kopje koffie en opladen aan de groene energie van de kamerplanten om je heen.
nederkouter 129, www.stekgent.be, telefoon 0472029666, open di-do 09.00-18.00, vr-za 09.00-23.30, tram 1 verlorenkost

㉝ Bij **Curiosa & co** ga je op zoek naar de laatste accessoires die je look volledig kunnen maken. Deze winkel staat voor originele stuks van jonge ontwerpers. Je vindt er betaalbare juwelen en andere leuke hebbedingen. De collectie verandert vaak waardoor het altijd fijn is om hier even te passeren. Snuister even rond tussen de curiosa en vind het juweel dat je outfit afmaakt.
nederkouter 120, www.curiosa-co.be, telefoon 0468192729, open di-za 11.00-18.30, tram 1 verlorenkost

㊳ Op zoek naar een goede roman? Het **Paard van Troje** is een klein boekenparadijs. Hier liggen heel wat leesparels op je te wachten. Raadpleeg zeker de leestips. Ook voor kinderen is er een origineel aanbod en er is een aparte hoek met de lekkerste kookboeken. Blijf gezellig hangen met je nieuwe aankoop bij een heerlijke kop koffie of lekker stuk taart. Bij het Paard kun je ook heerlijk lunchen, onder andere op het terras dat uitkijkt over de Kouter.
kouter 113, www.paardvantroje.be, telefoon 093300883, open ma 13.00-18.00, di-za 10.00-18.00, zo 9.00-13.00, tram 1 zonnestraat / korte meer

LEUK OM TE DOEN

⑧ In **Studio Skoop** ga je naar de film in de oudste nog bestaande bioscoop van Gent. Er is ook een gezellige bar waar je na de filmvertoning kunt bijpraten.
sint-annaplein 63, www.studioskoop.be, telefoon 092250845, zie website voor tijden en prijzen, tram 4 zuid

⑫ Nestel je op een bank in de zon en eet een ijsje bij de metershoge fontein in het **Koning Albertpark**, in de volksmond ook wel het Zuidpark genoemd. Er is

2

38

8
DIO SKOOP
STUDIO SKOOP
ORVAL
STUDIO SKOO
Duvel
Un baiser
s'il vous plaît
Kite Runner

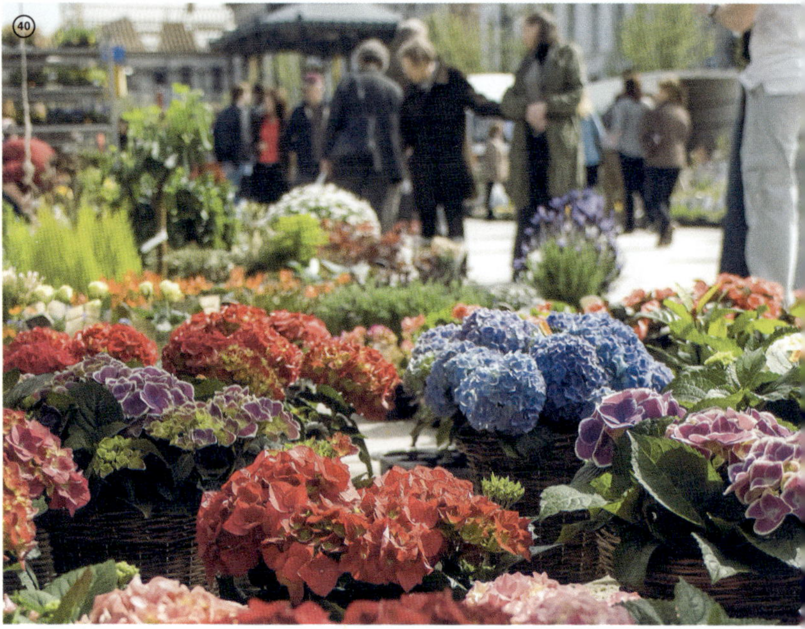
40

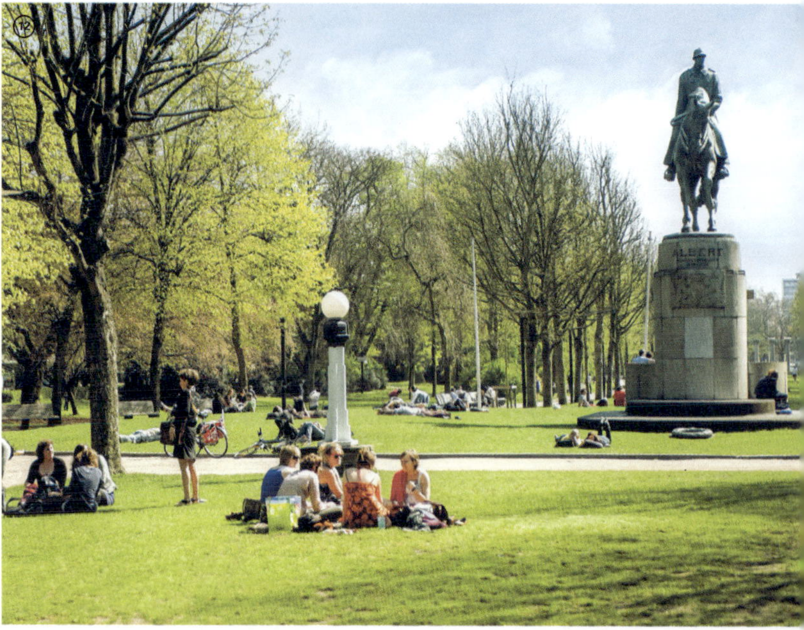
12
ALBERT

ook een kleine speeltuin en een skaterspleintje. In de laatste weekends van augustus of begin september kun je op het grasveld genieten van de gratis concerten van Jazz in 't Park.
koning albertpark, woodrow wilsonplein, tram 4 zuid

(18) Voor de trappen van de **Minardschouwburg** heerst in de zomer bijna altijd een gezellige drukte. Neem plaats naast het standbeeld van theatermaker Romain Deconinck op een van de treden. Raadpleeg het programma van de schouwburg en pik een voorstelling mee in het prachtige gebouw uit 1847, gebouwd door Louis Minard. Je kunt hier terecht voor hedendaags en vernieuwend theater.
korianderstraat 13, www.minard.be, telefoon 092658830, zie website voor voorstellingen en prijzen, tram 4 zuid

(21) In het bekende **Café Vooruit** zie je Gentenaars van alle leeftijden. Je kunt er terecht voor een snack of kleine maaltijd, of om er tot in de vroege uurtjes met vrienden bij te praten. Het café zit in het Kunstencentrum Vooruit: halverwege de 19e eeuw de thuisbasis van de socialistische beweging. Tegenwoordig staat er theater en muziek op het programma, en zijn er feesten.
sint-pietersnieuwstraat 23, vooruit.be, open ma-wo 12.00-1.00, do-za 12.00-2.00, zo 12.00-1.00, prijs dagschotel € 14, bus 5 bagattenstraat

(25) De **tuin van de Sint-Pietersabdij** is een verborgen parel. Om hier te geraken, wandel je door de poort rechts van de abdij, waar ook de ingang is naar natuurmuseum De wereld van Kina. Neem je favoriete boek mee of je lunch en installeer je op een dekentje tussen de bomen. De tuin ligt langs de Schelde en biedt rust te midden van de stadsdrukte. Je vindt er oude funderingen van de abdijrefter en wijnranken. Een heerlijke plek om helemaal tot jezelf te komen.
sint-pietersplein 9, sintpietersabdij.stad.gent, open di-zo 10.00-18.00, entree gratis, bus 5 sint-pietersplein

(40) Elke zondagmorgen komen heel wat Gentenaars voor de wekelijkse **bloemenmarkt** naar de Kouter. Het plein staat dan vol met kramen van bloemisten en plantenkwekers. In de kleine kiosk op de hoek van het plein kun je champagne en oesters kopen.
kouter, open zo 7.00-13.00, tram 1 zonnestraat / korte meer

INDEX

ARNHEM

airborne at the bridge	10
amusement, 't	13
arnhem centraal	10
arnhemse bakkertje, het	25
babo café	17
boekhandel het colofon	18
boekhandel hijman ongerijmd	18
bonnie	16
bos & heij	22
brasserie vieux paris	17
café de groen	25
café verheyden	17
collectie de groen	25
eems	21
erfgoedcentrum rozet	25
eusebiuskerk	13
feestaardvarken	10
first eet	14
focus filmtheater	25
fraenck & friends	24
green rose, the	14
havenmeester	14
hello. urban jungle & store	22
hemels	22
historische kelders	10
hotel karel	150
humanoid	21
knusss	14
little things	22
loft	21
maeve	21
mimint	20
minouche en rûne	21
moortgat, 't	17
musis	13
neighbourhood	18
nelson mandelabrug	10
oranje koffiehuis	16
provinciehuis	12
restaurant momento	25
sabelspoort	12
sis spijkers en spijkers	20
sneaky shoes	24
trixenrees	22
van van den dungen	18
walburgiskerk	12
woarst	21

NIJMEGEN

247 store	48
512	44
bairro alto	41
bhalu	49
bierhoeder, de	48
bistro flores	38
black fox, the	38
bleshyou	44
boekhandel roelants	44
bofligt	42
café wunderkammer	41
cappello	46
charlie & goods	45
coef concept store	42
credible	38
deja vu	46
dekker v.d. vegt boekverkopers	45
down town	41
fika	37
grote markt	34
heldro ijs	38
hemel, de	40
hotel nimma	151
huis van de nijmeegse geschiedenis	34
in de blaauwe hand	40
infocentrum wo2 nijmegen	34
kattencafé balthazar	37
lebowski	42
lux	49
make my day	45
mood conceptstore	46
munt	42
museum het valkhof	34
museumwinkel, de	42
notting hill	38
philipse	41
schommel, de	38
stevenskerk	34
valkhofpark	49
van nature	45
waaghals	45
wijn bij arentz	37
zeezicht	37
zus & zo keukengerei	46

AMERSFOORT

alberts eten&drinken	62
bierwinkel hop	69
blok's	70
blueberry, the	62
blur your life	70
boetiek 033	69
boothill saloon	62
brood & zoets	70
café onder de linde	66
corazon	70

146

ALGEMEEN

eetkamer van zanten	65	volmolen	73	piepers	84
fluor	73	waterlijn amersfoort	70	pier, de	82
hete kolen	63	westsingel	66	pit	94
hofje de armen de poth	58	westwing	66	poppodium de meester	94
hoog vuur	73	witte konijn, 't	62	reclaimed jewels	90
ijs vanvitelli	67	zandfoort aan de eem	73	rosita's	85
jackie brown	62	zuster margeaux	65	ruan creatief	93
kafé van zanten	65			surfstrand almere haven	97
koppelpoort	61	**ALMERE**		view	89
kroast	73	anno	85	walk of fame	82
krommestraat	70	apollo hotel almere		zeemeermin	82
kunsthal kade	61	city centre	151		
las lunas	70	barbier rogier	97	**LUIK**	
little shop of colors, the	70	beeldverhaal, het	93	accattone	113
livingstone coffee bar	65	bierfabriek	88	archéoforum	106
lokaal, het	73	bij drewes	93	beerlovers	117
lunch & borrel	70	black cockatoo, the	86	boverie, la	107
madonna	70	brasserie bakboord	89	brasilia, le	112
mondriaanhuis	61	brasserie de bergerrie	86	brasserie c	109
monnikendam	58	café op 2	84	café brasil	121
mooierstraat	70	citadel, de	82	caffè internazionale	110
museum flehite	61	coffee cat, the	89	carré noir	114
muurhuizen	58	corrosia	97	carré, le	110
nieuwe stad, de	73	dekker winkler	93	cathédrale saint-paul	106
onze lieve vrouwetoren	58	fantasie, de	82	charbonnade, la	121
rauw	69	finn	85	cinéma sauvenière	121
rock city brewpub	67	ijspressi	86	cité miroir, la	106
roots	70	ijssalon mariola	89	contadino, il	121
sla en meer	66	indisch veerhuys, 't	90	coteaux de la citadelle	118
sloop	70	jutter, de	90	gare de liège-guillemins	109
smir	70	kaf	94	gaufrette saperlipopette,	
stadsbrouwerij de drie ringen	73	kaky	93	une	109
streetfood bar, the	63	ladonna	90	get your mug	113
tjommies	65	ma bella cakery	88	glace & moi	112
velvet music	69	madame jeanette	86	grand café de la gare	114
vint	69	mockamore	85	grand curtius, le	106
viszaeck	70	nieuwe bibliotheek, de	94	greenburger	110
vlaams friteshuis 'van gogh'	66	nul36	85	hotel neuvice	150

147

ALGEMEEN

jangala	115
kultura	121
labo 4, le	113
ma ferme en ville	117
maison du peket, la	110
meers café	118
montagne de bueren	118
musée de la vie wallonne	106
opéra royal de wallonie	118
parc de la boverie	121
passage lemonier	117
petit bougnat, le	121
petit grand bazar, le	114
pôle fluvial	121
pot au lait, le	113
quintessence, la	110
restore	115
rue roture	121
tableau qui dit des bêtises, au	112
tea late	113
tour cybernétique, la	121
toutes directions	117
wattitude	117

GENT

aywa beirut streetfood	137
b&b de waterzooi	151
bar belien	138
barista	134
blaumunt	141
bloemenmarkt	145
boucherie, la	138
brasserie ha'	140
café des arts	140
café vooruit	145
curiosa & co	142
faim fatale	134
faja lobi	133
hoek af, den	133
huzaar	139
koning albertpark	145
krookcafé	135
kunstenhuis ha' handelsbeurs	141
lokaal	134
marimain	137
martino	134
mayana	138
minard	145
museum voor schone kunsten	130
muziekcentrum de bijloke	133
o'yo	134
ona	139
onze-lieve-vrouw sint-pieterskerk / sint-pietersabdij	130
or coffee bar	137
paard van troje	142
pain perdu	137
rock circus	138
romain roquette	140
s.m.a.k.	130
sint-baafskathedraal	130
soep+	135
stam	133
stamcafé	133
stek	142
studio skoop	142
trattoria della mamma	137
tuin van de sint-pietersabdij	145
twiggy	141
walk the line	141

COLOFON

Deze gids is met de grootst mogelijke zorg samengesteld. Voor eventuele onjuistheden in de tekst is mo'media bv niet aansprakelijk. Eventuele op- en/of aanmerkingen kun je richten aan: mo'media, postbus 359, 3000 AJ Rotterdam, info@momedia.nl, www.timetomomo.com.

REDACTIE
time to momo-locals

FOTOGRAFIE
David in Den Bosch, Laurence Harms, Ilse Ouwens, Vincent van den Hoogen, Verne Fotografie, Wil Groenhuijsen, Mike Bink, Marisa Broekhuizen, Shanna Bozuwa, Jos Stöver

VORMGEVING
Studio 100%, Oranje Vormgevers

CARTOGRAFIE
Van Oort redactie en kartografie

BEELDREDACTIE
Laurence Harms, Oranje Vormgevers

PROJECTLEIDING
Heleen Ferdinandusse

time to momo Dichtbij
isbn 978-90-5767-955-1

© mo'media, Rotterdam, februari 2020

Deze gids is gedrukt op FSC-papier

Alle rechten voorbehouden. Niets van deze uitgave mag worden vermenigvuldigd, opgeslagen in een geautomatiseerd gegevensbestand en/of openbaar gemaakt in enige vorm of op enige wijze, hetzij elektronisch, mechanisch, of op enig andere manier zonder voorafgaande schriftelijke toestemming van de uitgever.

time to momo
DICHTBIJ-APP

CADEAUTJE VOOR JOU!

Je hebt nog meer plezier van deze Dichtbij-gids als je 'm combineert met onze handige time to momo-app.

Download nu de time to momo-app en je krijgt time to momo Dichtbij **t.w.v. € 6,99** van ons cadeau! Gebruik daarvoor deze code: **#timetomomodichtbij**. Check hier hoe je de app kunt downloaden: www.timetomomo.com/dichtbij-app.

Let op: deze code is geldig t/m 30 juni 2020.

time to momo
HOTELS

Een fijn bed, een lekker ontbijt en een mooi interieur: het zijn allemaal ingrediënten voor een goed hotel. Dit zijn onze favoriete slaapplekken in de leukste wijken.

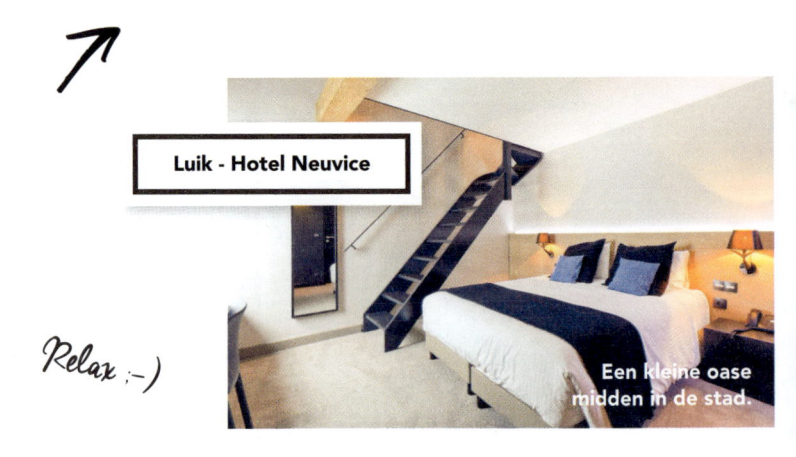

Luik - Hotel Neuvice

Relax :-)

Een kleine oase midden in de stad.

Arnhem - Hotel Karel

Mooie, ruime kamers én heel fijne stoomdouches.

HOTELS

Gent - B&B De Waterzooi

Prachtige suites met fijne bedden en een heerlijk ontbijt.

Nijmegen - Hotel Nimma

Hip interieur en gezonde ontbijtjes.

Almere - Apollo Hotel Almere City Centre

Modern, futuristisch en centraal.

Kijk online voor nog meer favoriete hotels en boek meteen via
www.timetomomo.com/hotels

WAAR GAAT JE VOLGENDE TIME TO MOMO-STEDENTRIP NAARTOE?

time to momo is de bestverkochte stedengids van Nederland & België met routes in meer dan 65 steden. Probeer ook eens onze app of een van onze losse (thema)routes.

stedengids

losse (thema) routes

app

HAAL ALLES UIT JE STEDENTRIP

VOOR DE LAATSTE TIPS: WWW.TIMETOMOMO.COM OF VOLG ONS OP
📷 @TIMETOMOMO_COM & 📘 @TIMETOMOMO
LAAT ONS MEEGENIETEN VAN JOUW STEDENTRIP VIA **#TIMETOMOMO**
EN **REVIEW** JOUW TIME TO MOMO-BELEVING OP ONZE WEBSITE